MSOL　MI SERIES

国際競争を勝ち抜く
マネジメント

MANAGEMENT FOR
GLOBAL COMPETITIVENESS

内山鉄朗

東洋経済新報社

はじめに

日本企業のグローバル化が語られて久しい今日、アメリカのビジネス誌「フォーチュン（Fortune）」誌が発表する「フォーチュン・グローバル500（Fortune Global 500）」にランクインした日本企業の数は、もっとも多かった1995年の149社から2019年には52社へと年々減り続け、世界の企業の時価総額ランキングでは1992年には日本企業がTOP25に9社ランクインしていたのが、2016年では日本企業は姿を消しトヨタ自動車の30位が最上位になっている。また経済協力開発機構（OECD）加盟国の労働生産性は36カ国の加盟国の中で20位であり、1970年以降主要7カ国の中で常に最下位という状況が続いている。

もとより、企業は市場における競争力を生み出すために、組織が掲げたミッション／ビジョンをもとに戦略を策定し、さまざまな分野の専門家を集め、プロジェクトという形で新しいチャレンジを行っている。言い換えれば、こうした一つひとつのプロジェクトの積み上げにより企業の競争力は生み出されるはずなのである。

こうしたプロジェクトに携わっているプロジェクトマネジャーやプロジェクトメンバー

の方々は、日々真剣に仕事に向き合い、プロジェクトの成功のために努力されている。実際のプロジェクトに携わることで感じる現場感覚と、世界の中で日本企業の存在感が低下していく状況との隔たりの中に、マネジメントにおける日本人の傾向に根差す大きな問題があると感じざるをえない。

日本企業の国際競争力に関する問題にはさまざまな要素が内包されていると思われるが、組織がかかげるミッション、ビジョンに基づき戦略を練り、その戦略に則ってどのような新しいチャレンジを行うかというプロジェクトの実行判断や、そのプロジェクトの実行段階における課題を軽視することはできない。まして国際競争力に直結するような、海外のステークホルダーが関係するプロジェクトともなると、言語・文化の問題をはじめとするさまざまな障壁からプロジェクトの複雑度が増し、とりわけプロジェクトの実行段階における舵取りの重要性がより一層増すことは言うまでもない。

世の中はいま、VUCA（Volatility〈変動性〉、Uncertainty〈不確実性〉、Complexity〈複雑性〉、Ambiguity〈曖昧性〉の略）の時代と言われている。このような時代だからこそ、戦略を練り、戦略に沿ってプロジェクトを正しく選択し、着実に実行して、実際のビジネスに価値を創出することに地道に取り組むほかないのではないだろうか。戦略から実行までの一連の流れが正しく機能しない限りは、戦略はただの絵に描いた餅で終わり、日々の努力は水の泡に帰し、がんばっているが何か報われないという状況を生み出してしまうと考えられる。

だからこそ、一連の流れの中において環境の変化に適応するように、必要に応じて戦略とその実行を軌道修正する機敏さや、成果を出すという観点に立ったマネジメントが今日の組織に求められているのではないか。

実際に組織やプロジェクトを推進する際には、さまざまな要素についての知識とスキルが必要になる。すでに世の中には経営学や組織論、リーダーシップ論、プロジェクトマネジメント、チェンジマネジメントなど、多様な観点で書かれた書籍が存在する。また、〝グローバル〟という観点からでも、企業レベルでの世界のグローバル化の状況を整理した書籍や、国際的に活躍するためのグローバル人材に関する書籍など、各領域について詳しく説明されたものが多数刊行されている。

そうした中で、本書ではマネジメントにより組織として成果をあげるという点に重きを置いた。一見すると当たり前のことも多く含まれると感じるかもしれないが、より包括的な観点から、実際のプロジェクトの現場での経験と、その状況に対処するために参考にしてきた先人の知恵などを交え、マネジメントと日本人の傾向にフォーカスを当てている。

私の所属するマネジメントソリューションズは、杓子定規な方法論の提供ではなく、常にクライアントに寄り添い、クライアントの課題を〝自分のこと〟としてとらえ、一緒に汗を流し、組織の成功を日々追い求める中で、〝マネジメント〟というものに向き合ってきた。本書を通して、日本企業の国際競争力の向上を担うすべての皆様に何かしらの気づきを持っていただく機会となれば本望である。

◉目次◉

第3章 成果をあげる組織

第7章
グローバルプロジェクトにおけるリーダーシップとは …… 189

第1章

日本の国際競争力の現状

Management for Global Competitiveness

1.1 現場感覚とマクロでみる日本との間の違和感

さまざまなプロジェクトに携わる中で感じるのだが、プロジェクトマネジャーをはじめ、プロジェクトリーダー、プロジェクトメンバーなど、プロジェクトに関わる方はとにかく忙しく、それぞれの役割を果たそうと皆必死なのである。近年は長時間労働に対する問題意識も高まり、ずいぶんと働く環境も変わってきたが、以前は残業が当たり前という風潮もあり、プロジェクトが佳境に入ると作業は深夜や休日にまでおよぶこともしばしば。とにかくプロジェクトを何とか終わらせようと皆必死であったように思う。

プロジェクトマネジャーやプロジェクトリーダーのスケジュール表は会議やタスクで埋め尽くされており、ちょっとした会議の調整ですら、なかなか時間が合わずにとても苦労することが多い。また仮に予定が合ったとしても、会議室がいつも予約で埋め尽くされており、どうしても会議設定が遅れ遅れになってしまいがちだ。プロジェクトマネジャーともなれば、日中帯が会議で占められているため、落ち着いて自身のタスクに取り掛かれるのは定時以降がほとんどである。一昔前に比べれば残業もずいぶん減ってはいるものの、定時で業務を終了できるかというとまだまだ難しい。ちょっと出勤時間を早めてみても残業はあまり減らず、有給休暇も消化しきれないというのが大半だと想像する。

とにかく自身の役割を果たそうと皆一様に真剣に業務に取り組んでおり、あからさまに業務怠慢と言える方にはほとんどお目にかかれない。これが、どこにでもある日本企業のプロジェクトの一面であろう。

こうしたよくある日本のプロジェクト現場の状況について、単純に比較することは難しいにせよ、少なくとも現場レベルにおいて、業務の量や質、そして業務に真剣に向き合う姿勢など、他国に劣っていると考える人は少ないのではないだろうか。こうした、真摯に仕事に取り組む姿勢は、日本人としての強みであることは言うまでもない。

しかし、現場では皆がこんなにも忙しく真剣に業務に取り組んでいる一方で、新聞・ネットではかつて世界で隆盛を誇った日本企業の厳しい状況が報じられる。経営が行き詰まり、外部からの支援が必要であるという記事をはじめ、ひいては日本全体の労働生産性の低さ、国際競争力の低下といった記事も散見され、マクロでみた日本はどうもネガティブな印象が残るのである。

皆が努力していないわけではない。むしろ、普段の業務を行う現場では、とにかく一生懸命働いているにもかかわらず、なぜマクロでみるとこのような結果になるのかと、不思議に思うことばかりだろう。やはり、何かがおかしいのである。

私がこうしたことを考えるきっかけの一つに、過去にみた私の父の姿と、父が勤める会社のことがある。

私の父はいわゆる団塊世代の人間であり、大学卒業以来現在も、71歳でとあるプラントエンジニアリングの会社に勤めている。私の子供のころの記憶では、父はいつも朝早く出勤し、帰宅はいつも遅かった。平日の父親はどこかピリピリとした雰囲気があり、声をかけるのも躊躇《ちゅうちょ》するくらいであったのを覚えている。家のリビングには父が携わったプラントの航空写真が誇らしげに飾られており、私にはその価値はわからなかったが、父にとってはとても思い入れがあるものだと想像していた。

実際の父の仕事振りを知る由もないが、優秀なエンジニアが多く、技術に定評がある会社であり、使命感を持って仕事をしている方が多くいると聞く。父もそういった一人であると思っている。

そんな父の勤める会社は90年代後半に経営危機に瀕することになった。当時、将来のある20代の社員まで人員整理の対象になり、中間管理職であった父がその候補者の選定に悩んでいたことを母伝てに聞いたことがあった。父を含め、多くの従業員が真剣に働いてい

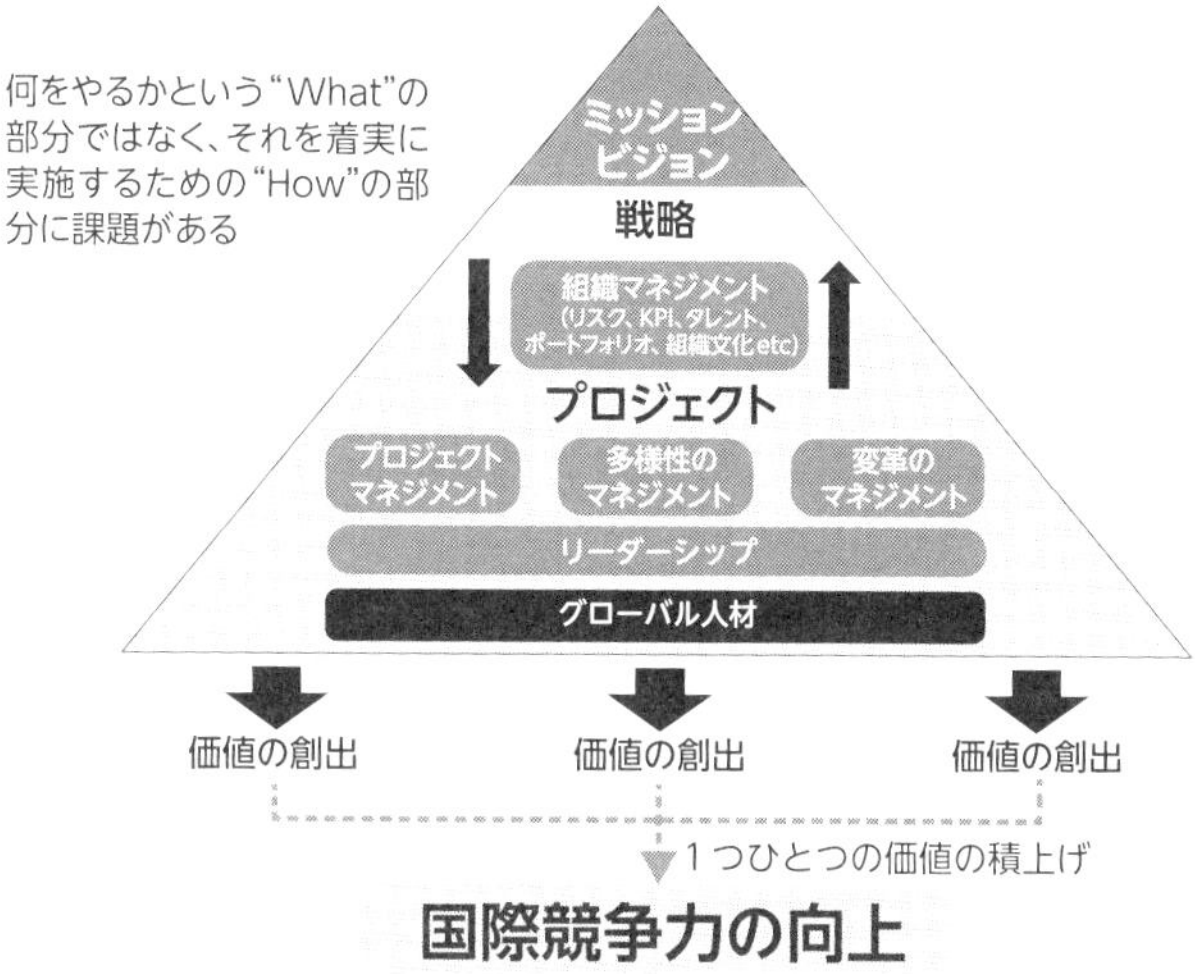

図表1　国際競争力の向上に向けた概念モデル　筆者作成

るにもかかわらず、なぜこうしたことになるのかと当時は不思議でしょうがなかったのを覚えている。

プラント建設というものが不確実性を多く含む難易度の高いプロジェクトであり、さまざまな問題が想定を超えるレベルで発生したのだという。もともとそういった高リスクのビジネスだと言えばそれまでかもしれないが、一人ひとりの努力の結果が、組織としての成果を示す収益として現れないのはなんとも言えない虚しさを感じるのである。

ひるがえって、普段の業務がどのような因果で企業の収益に現れ、そしてマクロでみたときになぜ日本全体がネガティブな印象になるのかを考えた場合、当然ながらさまざまな要素が内在しており、それを説明するのは容易ではないだろう。そうした中で、まずは日本というものを国、企業、人という観点で客観視することで何かがみえてくるのではないだろうか。

そして本書の1つのテーマであるマネジメントをキーワードとして、組織として成果をあげるためのマネジメントの在り方、企業として競争力を高めるためのプロジェクトの着実な遂行、とりわけ海外のステークホルダーを含めたプロジェクトに対するコミュニケーションのマネジメント、さらに人のマインドにフォーカスしたプロジェクトによってもたらされる変化のマネジメントについて考えていきたい（図表1）。

また、そうした一連の活動を実際に推進する、〝人材〟についても目を向ける必要がある。こうした点に加え、実は日本人一般の傾向としてこのようなマネジメントをうまく機能させにくくしている何かがあるのではないかと考えている。

1.2 日本の労働生産性が低いという結果をどうとらえるか

1.2.1 ・日本の生産性は南欧諸国より低いのか？

近年、長時間労働の是正や労働人口の縮小などへの対応という観点から、労働生産性の向上が課題となっている。政府の働き方改革でも取り上げられているが、日本の労働生産性を、世界的にみた場合はどのような評価になっているのだろうか。

ＯＥＣＤのデータをもとに（公財）日本生産性本部がまとめた「労働生産性の国際比較２０１８」によると、日本の就業１時間あたりの労働生産性は47・5米ドルとある（図表２）。数値としてはアメリカの約３分の２で、ＯＥＣＤ加盟国36カ国中20位となっている。就業者１人あたりの労働生産性でも順位はそれほど変わらず21位である。この結果をわれわれはどう受け止めるべきなのだろうか。

日本人の一般的な感覚からすると、会社では皆、よい製品・サービスを提供しようと一生懸命に働いており、残業が多い分１時間あたりの労働生産性は他国と比較して多少は低くなるかもしれないと想像できるであろう。だが、就業者１人あたりの順位が、１時間あたりの労働生産性とほぼ変わらない21位というのは、やはり疑問である。

例えば、〝シエスタ〟と呼ばれる昼食後の長い休みがあり、数週間から１カ月にもわた

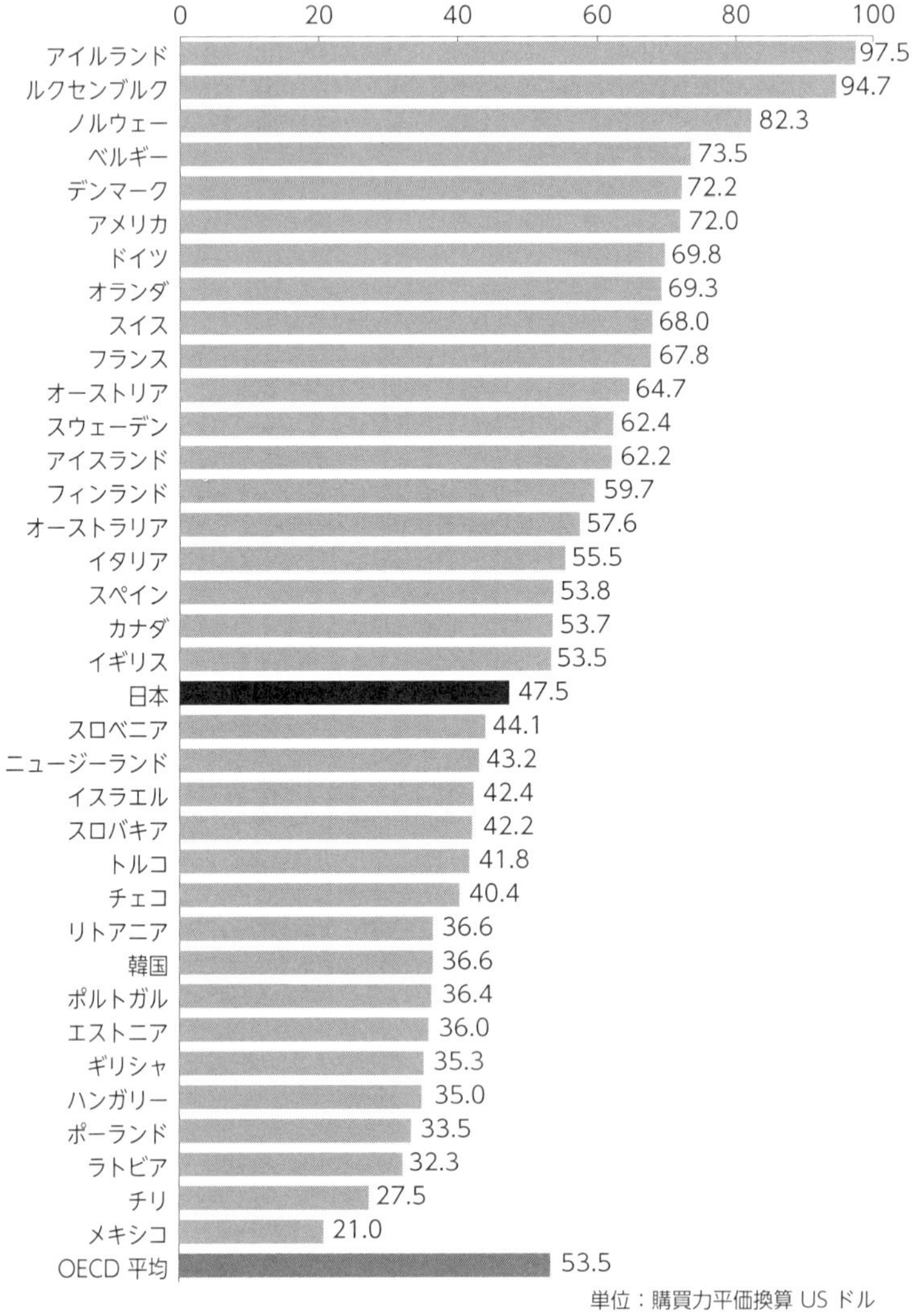

図表2　OECD 加盟諸国の時間あたり労働生産性（2017 年／36 カ国比較）
出典：（公財）日本生産性本部「労働生産性の国際比較 2018」

る夏季休暇を取るイメージが強い南ヨーロッパの国々でさえ、日本よりも上位にあるのをみると、やはりこのランキングは何かおかしいのではないかという気になってくる。もちろん、生産性を上げるためには長い休暇が必要であるという南ヨーロッパの国々の価値観を否定しているわけではなく、一般的な感覚という意味においてではあるが。

われわれ自身が抱く「日本人はよく働いている」という感覚的なイメージとこの結果との間に、大きな乖離を感じざるをえない。

1.2.2・「労働生産性」はどうやって導き出されるのか

まずこのランキングで言うところの「労働生産性」とは、成果である〝付加価値額または生産量〟、つまりGDP（Gross Domestic Product：国内総生産）から求められる。「就業者1人あたりの労働生産性」の場合は成果を〝労働者数〟で割ったもので、「時間あたりの労働生産性」は成果を〝労働者数×労働時間〟で除した値であり、〝どれだけ効率的に成果を生み出したか〟を示している。

単純に考えれば、分子である成果が小さくなるか、または分母である〝労働者数〟または〝労働者数×労働時間〟が大きくなると、労働生産性が低く

$$\text{労働生産性} = \frac{\text{成果（付加価値額または生産量）}}{\text{労働者数または労働者数×労働時間}}$$

なる。

したがって、昨今の働き方改革関連法によって長時間労働を是正し、デジタル技術により現場の業務効率を図ることで、労働時間をより短縮し、かつ少ない人数で同じだけの成果をあげることができれば、分母の値が小さくなるため、「1人あたりの労働生産性」も、「時間あたりの労働生産性」も高めることができることになる。

また、成果である分子については、より付加価値の高い製品・サービスを提供し、消費者がそれを求めて経済が活性化されることで増加する。昨今、どんなものでも作れば売れるという時代ではないため、品質の高い製品を効率的に大量に生産するのではなく、いかに付加価値の高い製品を提供し、そしてその製品を消費者が実際に購入するかが重要になる。

このように、労働生産性に関しては、分母の労働者数・労働時間だけがフォーカスされがちだが、当然分子もあわせて考える必要がある。そのため、今後、労働時間の是正や労働者数の減少が見込まれる状況の中で、いかにして価値あるものを提供するかという点が、労働生産性の向上を考える上で重要となってくる。

ただ、実際にこの労働生産性の数値の確かさに関してはさまざまな見解があり、絶対的な数値としてとらえた場合には疑問の声も多い。

例えば、各国の労働生産性を比較するために、国連国際比較プロジェクト（ＩＣＰ）により計測されている購買力平価（ＰＰＰ）に基づき通貨換算が行われているが、この購買力平価には、製品の品質は反映できてもサービス品質までは正しく反映できていないという見解がある[*1]。

また、分子である成果、つまりＧＤＰの換算に日本企業が海外で生み出した付加価値が反映されないことからも、この労働生産性の順位そのものを考察しても実態がみえてこない。

このように、指標の絶対的な数値の確かさが保証されていない中で、一時点だけの順位を他国と比較してもあまり意味がないことになる。こうした指標をどうとらえるかについては、やはりその数値の推移を相対的にみることが必要だと思われる。

1.2.3・拡大する日米の労働生産性格差

日本の労働生産性の順位は、Ｇ７の中で最下位であり続けているものの、ＯＥＣＤが算出する日本の労働生産性の数値がまったく向上していないわけではない。

２０００年当時の労働生産性と比べて、２０１７年の実質値では19％（名目値で67％）上昇しており、２０１２年以降に限ってみると、日本の上昇率は実質値で５％（名目値で

*1 日本経済新聞2019年3月5日朝刊「低い日本の労働生産性(上)　米国との格差、複合的要因」

14％）となっている（図表3）。

一方、2000年から2017年にかけての上昇率を実質値で比較してみると、ドイツは20％、カナダは18％、イギリスは17％と、日本の19％とほぼ同等であるものの、アメリカは28％も上昇している。このアメリカの上昇はさまざまな要因があると言われるが、中でもICT投資の拡大が寄与するところが大きいとされる。

総務省の「平成30年版　情報通信白書」をみても、アメリカのICT投資がこの20年で3倍程度伸びているのに対し、日本は90年代の後半に一時増加したものの、それ以降はほぼ横ばいであることからも頷ける（図表4）。

2012年以降の労働生産性の上昇率だ

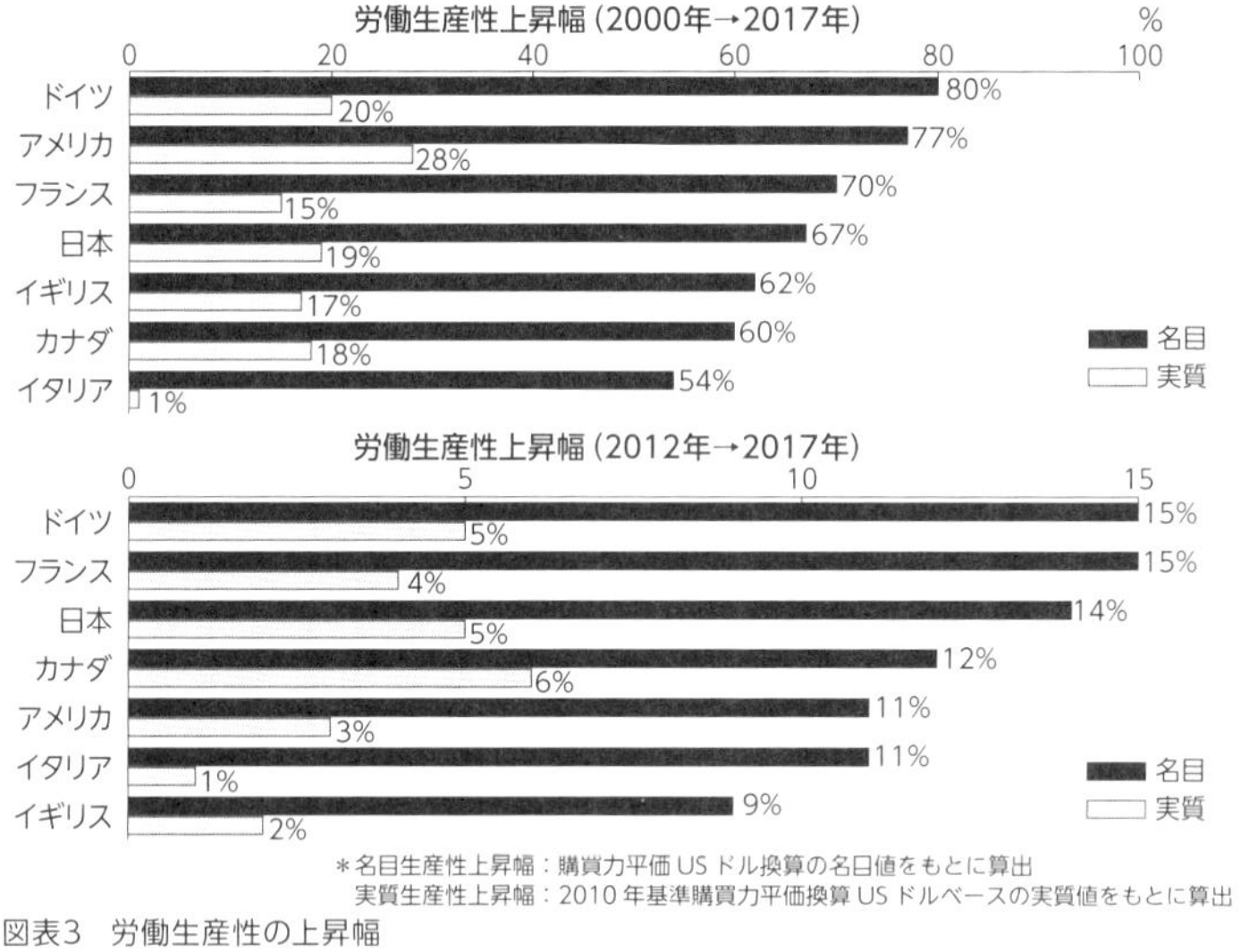

＊名目生産性上昇幅：購買力平価USドル換算の名目値をもとに算出
実質生産性上昇幅：2010年基準購買力平価換算USドルベースの実質値をもとに算出

図表3　労働生産性の上昇幅
出典：（公財）日本生産性本部「労働生産性の国際比較 2018」

けをみれば、アメリカは3％であるため、その差はやや縮小したと考えられるものの、17年というスパンでみた場合では、アメリカがICT投資で労働生産性を28％も向上させた一方で、日本は19％にとどまり、これは、ドイツ・カナダ・イギリスと大差ないものの、アメリカとの労働生産性の差は相当開いたと考えることができる。

もちろん、日本の労働生産性の数値そのものは、当然ながら産業ごと、企業ごと、または個人ごとにばらつきがある。これはアメリカやその他の国も同様であるため、すべてにおいて日本の生産性が劣っているととらえられるものではない。したがって、このOECDのランキング結果をそのまま鵜呑みにし、他国と日本の生産性を比

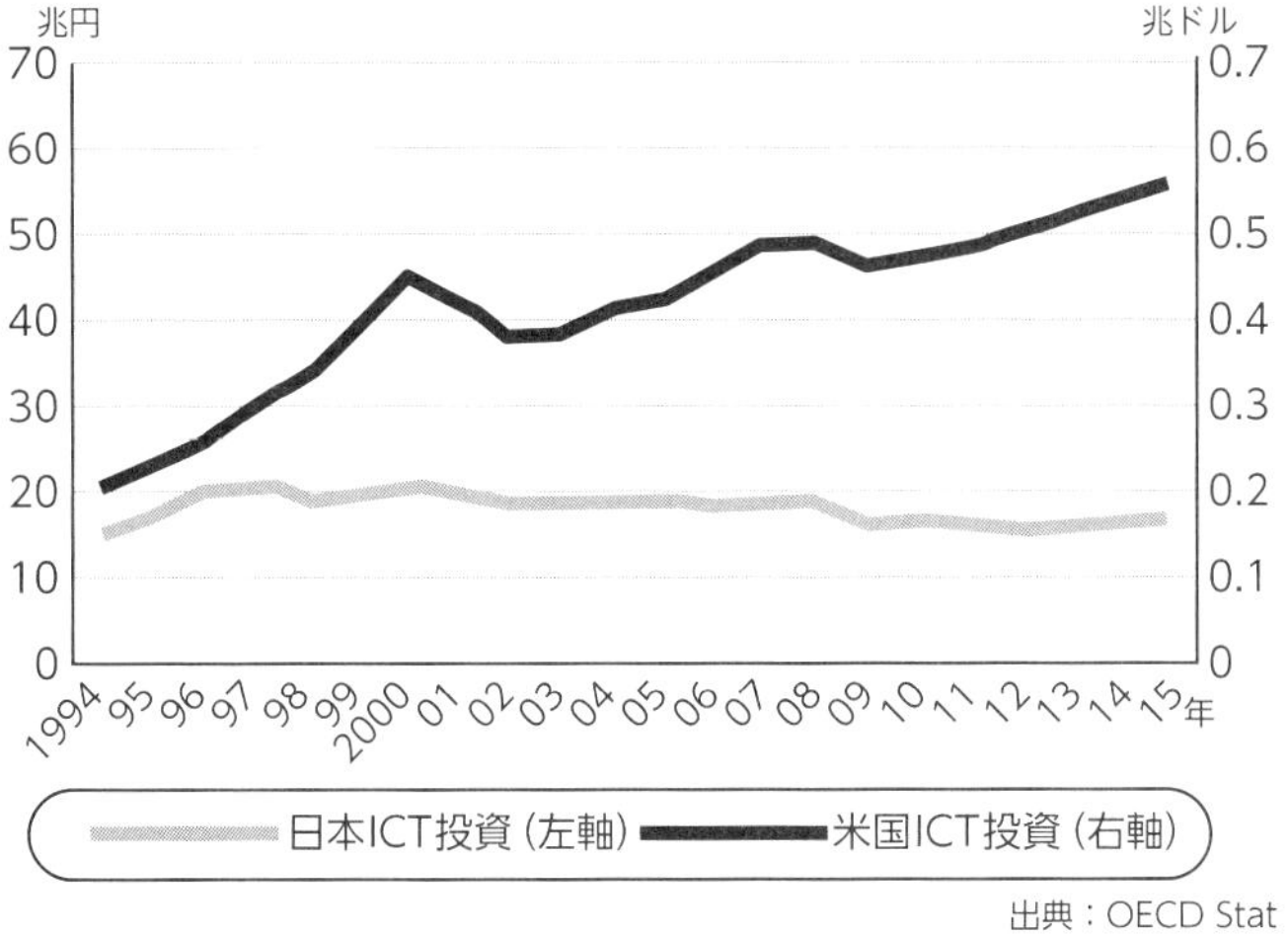

図表4　日米のICT投資額推移（名目）
出典：総務省「平成30年版 情報通信白書」

較して一喜一憂するものではないだろう。

だが、少なくとも労働生産性という観点において、この20年間の上昇幅をアメリカと比較すると見劣りしており、その結果、生産性自体に開きが生じているという事実を、まずは認めることが重要である。

そして、いかにしてアメリカは生産性を向上させることができたのか、またはなぜ日本がアメリカほど生産性を向上させることができなかったのか、という点を考えることが必要だろう。

1.3 世界の中での日本の競争力

1.3.1 • 世界競争力レポート「世界競争力5位」の実態

日本の総合的な国際競争力についてのデータをご存じだろうか。

毎年1月にスイスのダボスで開かれる「ダボス会議」を開催している「世界経済フォー

ラム（World Economic Forum）」は、年次報告書として「世界競争力レポート（The Global Competitiveness Report）」を発行している。

２０１８年のレポートによると、日本の競争力は１４０カ国中５位に位置しており、Ｇ７の中ではアメリカ、ドイツに次いで３番目の順位である（図表５）。２０１７年の発表では日本は８位であったが、２０１８年のレポートから評価方法が大きく変更され、その結果５位となっている。

まだまだ日本も捨てたものではないと思えてきそうだが、この順

ランク	国・地域名	スコア	対2017年比	
			ランク	スコア
1	アメリカ	85.6	—	+0.8
2	シンガポール	83.5	—	+0.5
3	ドイツ	82.8	—	+0.2
4	スイス	82.6	—	+0.2
5	日本	82.5	+3	+0.9
6	オランダ	82.4	−1	+0.2
7	香港	82.3	—	+0.3
8	イギリス	82.0	−2	−0.1
9	スウェーデン	81.7	—	+0.1
10	デンマーク	80.6	+1	+0.7
11	フィンランド	80.3	+1	+0.5
12	カナダ	79.9	−2	−0.1
13	台湾	79.3	—	+0.1
14	オーストラリア	78.9	+1	+0.7
15	韓国	78.8	+2	+0.8
16	ノルウェー	78.2	−2	−0.8
17	フランス	78.0	+1	+0.6
18	ニュージーランド	77.5	−2	−0.6
19	ルクセンブルク	76.6	+3	+0.6
20	イスラエル	76.6	—	+0.4

図表5　国別競争力ランキング
出典：The Global Competitiveness Report 2018, World Economic Forum

位に関しては指標の詳細について確認する必要がある。前述の労働生産性はその数値の確かさについての懸念から相対的に考える必要があるが、この「世界競争力レポート」は、労働生産性のような絶対的な数値で算出されたわけではない。

この競争力のスコアは、12のピラー（Pillar：柱）と呼ばれる項目から成り立っている。それぞれのピラーはさらに細分化され、全部で１００近い指標で構成されている。そしてそれぞれの指標について、０から１００（１００が最適な状況）でスコアリングして順位をつけている。

先にも触れたとおり、２０１８年発行のレポートから評価方法が大きく変更されており、このスコアリングの推移を一連のものとみることは難しいが、同一の観点で判断されている前提で日本の５位という順位について考えてみたい。

この5位という順位は、平均寿命の長さにもとづく「健康」というカテゴリーが1位、携帯電話の普及や通信インフラに関する「ＩＣＴの導入」が3位、「市場規模」が4位、「インフラ」が5位といった、上位に位置づけられた個別のピラーが寄与していると考えられる。一方で、起業や倒産に関するピラーである「ビジネスダイナミズム」では14位、「労働市場」では18位、高等教育卒業時のスキルセットや、クリティカルシンキングの教育といった「技術」では26位と低い順位になっている（図表6）。

「健康」や「市場規模」、「インフラ」といった項目は、これまで日本がつちかってきたことの結果とみられる一方で、将来の経済的な競争力向上といった観点で考えた場合、「ＩＣＴの導入」の3位という順位はポジティブにとらえることができるが、「ビジネスダイナミズム」や「労働市場」、「技術」の順位は他国と比較しても改善要素があると考えられる。

とりわけ「ビジネスダイナミズム」を構成する指標の1つである「起業のためのコスト・時間やリスク許容」というスコアが40~70位と低く、他国と比較しても起業風土があまりない点や、「給与と生産性の関連性」が33位、「企業における人材の多様性」では81位、「技術」を構成する「クリ

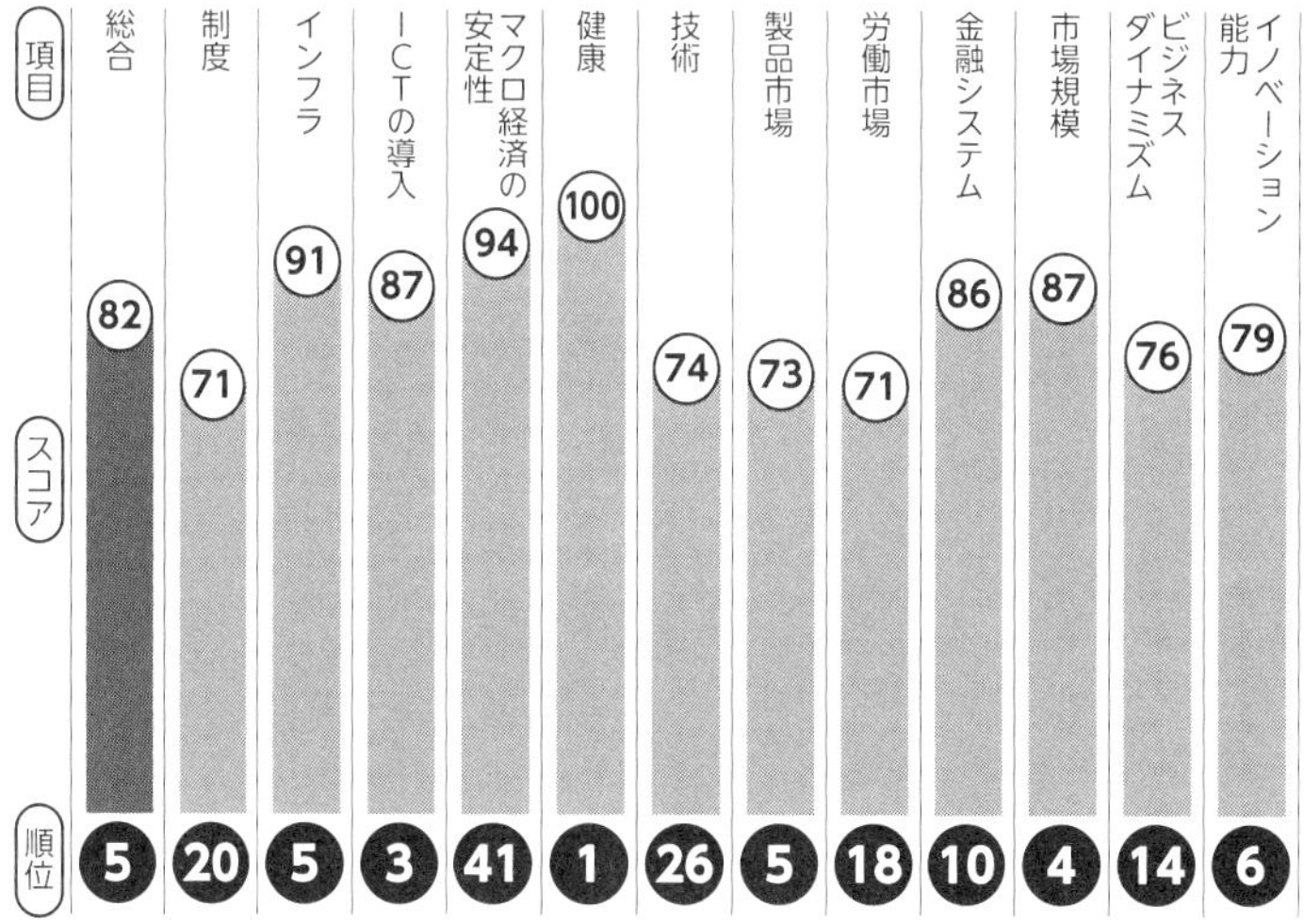

図表6　日本の競争力を構成する 12 のピラー（柱）
出典：The Global Competitiveness Report 2018, World Economic Forum より作成

ティカルシンキングの教育」が70位、「デジタルスキル」が50位など、将来の経済的競争力を生み出すと考えられる細かな指標における競争力の低さがみえてくるのである。

したがって、総合的な順位では5位かもしれないが、この5位という数字だけで何かを判断するべきではないだろう。この5位を構成している内容にまで目を向け、将来の競争力を生み出す要素が相対的に低く評価されている点にしっかりと着目していかなくてはならない。

1.3.2・30年で首位から30位まで落ちたランキング

また、国際競争力という観点では、スイスのビジネススクールのＩＭＤがまとめる「World Competitiveness Ranking」というデータも有名である。２０１９年のランキングでは、日本は世界の63カ国中30位に位置しており、Ｇ７の枠組みで考えれば、アメリカ、カナダ、ドイツ、イギリスについで5番目の順位である（図表7）。

このランキングは、経済パフォーマンス（Economic Performance）、行政効率（Government Efficiency）、ビジネス効率（Business Efficiency）、インフラ（Infrastructure）で構成されており、経済パフォーマンスやインフラでの評価が行政効率やビジネス効率と比べると高く、世界経済フォーラムのレポートと同様に、現在の経済とインフラの順位がプラスに働く一方で、ビジネス効率というカテゴリーでは低位となっている。

特にビジネス効率のサブファクターである生産性と効率性（Productively & Efficiently）は56位、組織の機敏性や変化への適応、顧客志向といった企業経営に関するマネジメント慣行（Management Practice）という指標にいたっては60位、グローバル志向や企業としての従業員への配慮に関する姿勢と価値（Attitude and Value）では51位という低い評価結果だ（図表8）。

ちなみに、「組織の機敏性」と日本語で書いたが、原文では"Agility of companies"となっている。システム開発に携わっている方であれば、アジャイル開発というユーザーと開発側が一体となって要件定義と設計・開発・テストを短いサイクルで何度も回す開発手法に馴染みがあるかと思われるが、このアジリティ（Agility）とは、言葉は似ているがアジャイル開発のことではない。アジリティは環境の変化にどれだけ組織が機敏に対応できるかという意味で使われており、アジリティがこれからの組織に必要であるという点が昨今、さまざまなところで言われているのである。

２０１９年の全体の順位が30位であると前述したが、この全体の順位がどう推移してきたかも確認したい。

ＩＭＤによる調査初年は日経平均株価が３万８９５７円の史上最高値を記録した

2019年	国・地域名	2018年	対前年比	
1	シンガポール	3	+2	↑
2	香港	2	—	—
3	アメリカ	1	−2	↓
4	スイス	5	+1	↑
5	アラブ首長国連邦	7	+2	↑
6	オランダ	4	−2	↓
7	アイルランド	12	+5	↑
8	デンマーク	6	−2	↓
9	スウェーデン	9	—	—
10	カタール	14	+4	↑
11	ノルウェー	8	−3	↓
12	ルクセンブルク	11	−1	↓
13	カナダ	10	−3	↓
14	中国	13	−1	↓
15	フィンランド	16	+1	↑
16	台湾	17	+1	↑
17	ドイツ	15	−2	↓
18	オーストラリア	19	+1	↑
19	オーストリア	18	−1	↓
20	アイスランド	24	+4	↑
21	ニュージーランド	23	+2	↑
22	マレーシア	22	—	—
23	イギリス	20	−3	↓
24	イスラエル	21	−3	↓
25	タイ	30	+5	↑
26	サウジアラビア	39	+13	↑
27	ベルギー	26	−1	↓
28	韓国	27	−1	↓
29	リトアニア	32	+3	↑
30	日本	25	−5	↓
31	フランス	28	−3	↓
32	インドネシア	43	+11	↑
33	チェコ	29	−4	↓
34	カザフスタン	38	+4	↑
35	エストニア	31	−4	↓
36	スペイン	36	—	—
37	スロベニア	37	—	—
38	ポーランド	34	−4	↓
39	ポルトガル	33	−6	↓

図表7　国際競争力ランキング
出典：World Competitiveness Ranking 2019, IMD

ビジネス効率のサブファクター順位	2017年	2018年	2019年
生産性と効率性	48	41	56
労働市場	28	30	41
金融	19	17	18
マネジメント慣行	45	45	60
姿勢と価値	40	39	51

図表8　日本のビジネス効率（Business Efficiency）ランキングの推移
出典：World Competitiveness Ranking 2019, IMD Japan Country Profileより筆者作成

1989年であり、このときのTOP3は日本、スイス、アメリカの順となっている。日本が1位であった。

それが10年後の1999年になると日本は24位と後退し、その後は多少の順位の上下を繰り返し、10年後の2009年では17位に、そして2019年には30位まで落ちている（図表9）。

「失われた20年」において世界の中で日本の競争力が失われ、またその後の10年も競争力という観点で大きな改善を示せていないと言えるだろう。

絶対的な数値や指標そのものの信憑性については専門家の方々の見解に委ねるが、以上のことから、現時点の経済規模やインフラといった過去につちかってきたものに

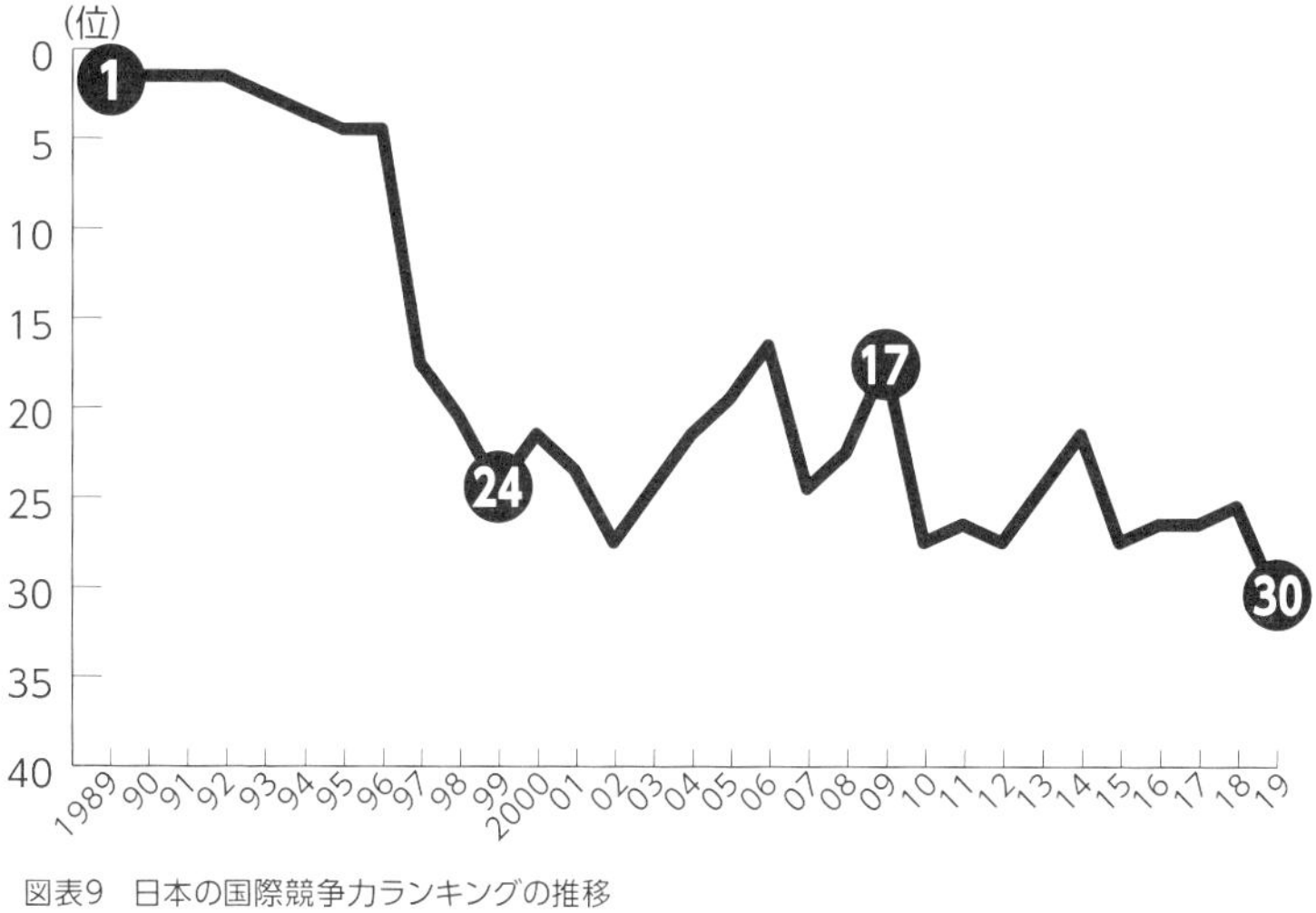

図表9　日本の国際競争力ランキングの推移
出典：The World Competitiveness report 1995(1989～1992年)、The World Competitiveness yearbook 1997(1994～1996年)、IMD Competitiveness online (1997年～) 以上すべてIMDより筆者作成

対する強みは依然としてあるものの、将来の経済的な競争力に影響するとされる指標の細部にまで注意を払うと、やはり相対的にみて他国から学ぶことが多いと感じざるをえない。

少なくとも、高度経済成長期からバブル期に全盛を迎え経済大国と呼ばれていた日本が、その後の「失われた20年（あるいは30年）」の間にどのような推移をたどったかを、こうした国際的な指標が客観性を持って教えてくれる。世界からみた日本は、いまだに過去の経済大国の記憶が残る日本人の主観とは、どうやら大きく異なっているのである。

1.4 国際競争にさらされる日本企業

1.4.1・日本に代わって存在感を示す中国企業

日本という国の国際競争力を、世界の指標を使ってマクロの観点から前述したが、では日本の企業は国際的な観点からみて、各企業単位でどのような評価になっているのであろうか。

企業における国際競争力については、内閣府が示している、「国際的な競争にさらされる中で、企業が高い所得を生む能力」という定義でまずは考えてみたい。この定義に則って所得を売上として考えてみるには、アメリカのビジネス誌「フォーチュン（Fortune）」誌が世界の企業の売上をもとに作成したフォーチュン・グローバル５００（Fortune Global500）というランキングが参考になる。その遷移をみてみたい（図表10）。

１９９５年時点では、日本企業はこのグローバル５００に１４９社もランクインしており、アメリカのそれとほぼ同数であった。しかし、２０１９年の時点では、日本企業は52社にまで減少している。実はアメリカ企業も日本ほどでないにしろ２００２年以降は減

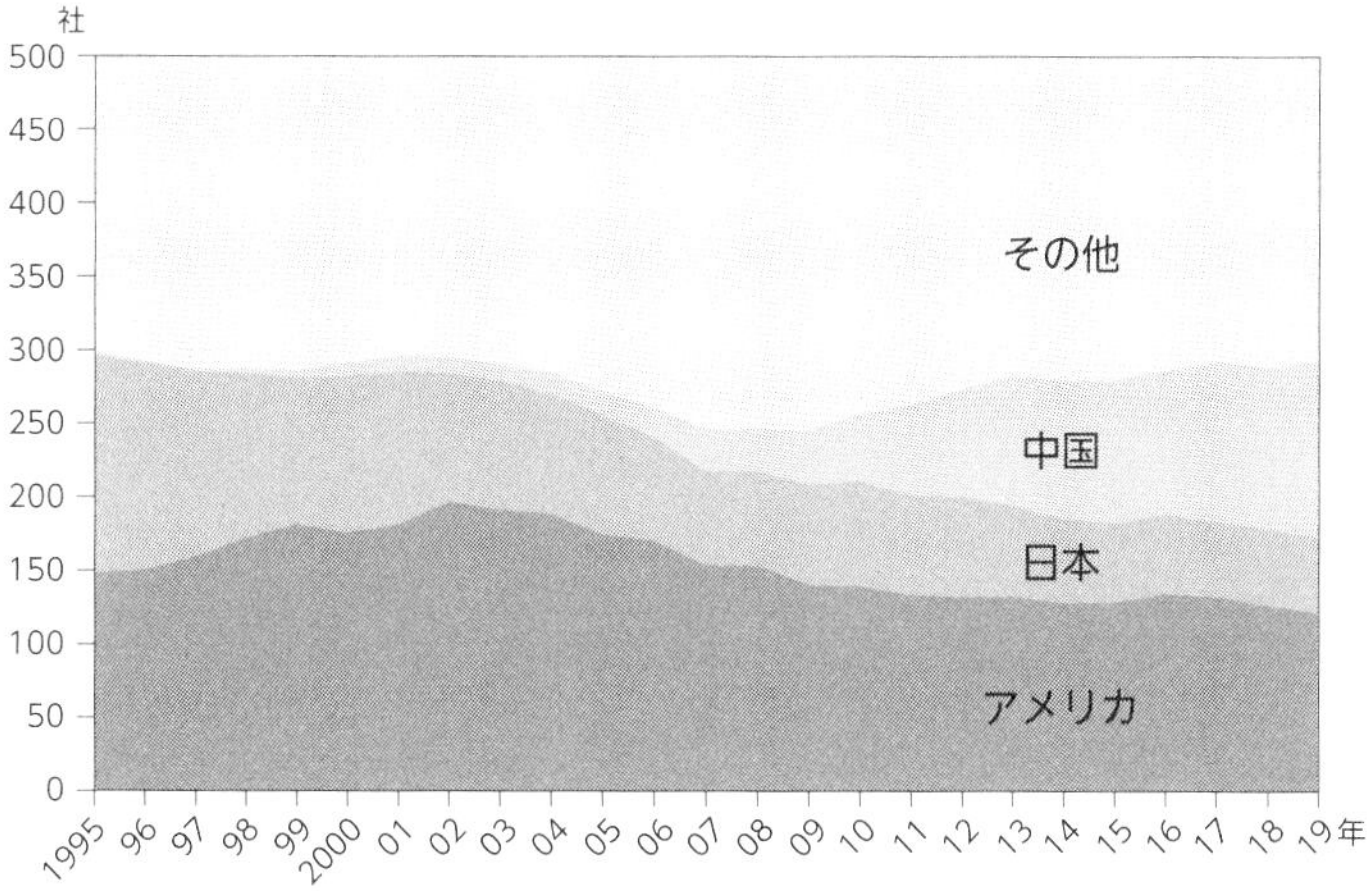

図表10　フォーチュン・グローバル 500 の国別構成の推移（1995-2019年）
出典：Fortune　https://fortune.com/global500/2019/

少傾向にある。その一方、中国企業の増加が著しく、２０１９年のデータではアメリカの１２１社についで中国企業が１１９社となっている。アメリカ、日本、中国の企業数の総和が１９９５年と２０１９年とで大きく変わっていない点を考えれば、世界からみた場合に、中国企業がその存在感を示す一方で、その分日本企業の存在感が薄れつつあると考えることができる。

フォーチュン・グローバル５００は売上をベースにしたランキングであるが、それとは別に、世界の時価総額ランキングもよく比較に利

1992年12月31日付

順位	会社名	時価総額（億ドル）
1	エクソンモービル	759
2	ウォルマート・ストアーズ	736
3	GE	730
4	NTT	713
5	アルトリア・グループ	693
6	AT&T	680
7	コカコーラ	549
8	パリバ銀行	545
9	三菱銀行	534
10	メルク	499
11	日本興業銀行	465
12	住友銀行	455
13	トヨタ自動車	441
14	ロイヤルダッチ石油	436
15	富士銀行	417
16	第一勧業銀行	417
17	三和銀行	379
18	BTグループ	375
19	P&G	364
20	グラクソ・スミスクライン	361
21	ブリストル・マイヤーズスクイブ	350
22	ジョンソン・エンド・ジョンソン	331
23	ペプシコ	329
24	GTE　Corp	322
25	さくら銀行	318

2016年12月30日付

順位	会社名	時価総額（億ドル）
1	アップル	6,176
2	アルファベット（グーグル）	5,836
3	マイクロソフト	4,832
4	バークシャーハザウェイ	4,016
5	エクソンモービル	3,743
6	アマゾン・ドット・コム	3,563
7	フェイスブック	3,324
8	ジョンソン・エンド・ジョンソン	3,134
9	JPモルガンチェース	3,088
10	GE	2,795
11	ウェルズ・ファーゴ	2,768
12	AT&T	2,612
13	テンセントHD	2,319
14	ロイヤル・ダッチ・シェル	2,315
15	P&G	2,250
16	ネスレ	2,235
17	中国工商銀行	2,234
18	バンク・オブ・アメリカ	2,233
19	シェブロン	2,222
20	アリババ	2,191
21	ベライゾン・コミュニケーションズ	2,176
22	中国移動（チャイナモバイル）	2,171
23	アンハイザー・ブッシュ	2,141
24	ウォルマート・ストアーズ	2,124
25	サムスン電子	2,099

図表11　1992 年と 2016 年の時価総額ランキングの比較
出典：https://finance-gfp.com/?p=2042

用される指標である（図表11）。

1992年には世界の時価総額企業のTOP25社に日本企業が9社あったものの、残念なことに2016年はTOP25から日本企業は姿を消し、トヨタ自動車の30位が最上位である。この時価総額は株価と発行済株式数を乗じた値であり、当然ながら株式市場による影響も大きい。日経平均株価が1992年と2016年とでは大きく変わっていないのに対し、ニューヨークダウの平均は6倍も成長している点が大きく影響しているのだろう。

ただ、1992年と2016年の上位にランキングされている企業を比較すると、アメリカの労働生産性でも触れたとおり、ICT関連企業の躍進が顕著であり、2016年ではTOP10にGAFA（アメリカの主要ICT企業グーグル、アマゾン、フェイスブック、アップルの頭文字をとった呼称）にマイクロソフトを加えた5社がランクインしている。アメリカのICT関連のGAFAと同様、中国でもアリババ（Alibaba：阿里巴巴集団）やテンセント（Tencent）といったICT関連企業が隆盛を極めていることに加え、中国4大銀行もTOP50にランクインしており、その存在感を示す一方で、世界から相対的にみた場合、日本企業が埋没しつつあるととらえられる。

2018年 TOP10	
1	アップル
2	グーグル
3	アマゾン
4	マイクロソフト
5	コカコーラ
6	サムスン
7	トヨタ
8	メルセデスベンツ
9	フェイスブック
10	マクドナルド

図表13　2018 年のブランドランキング TOP10
出典：Interbrand社の情報より筆者作成

2003年	
11	トヨタ
18	ホンダ
20	ソニー
32	任天堂
39	キヤノン
79	パナソニック
89	日産

2018年	
7	トヨタ
20	ホンダ
40	日産
55	キヤノン
59	ソニー
76	パナソニック
99	任天堂
100	スバル

図表12　2003年と 2018年の100位以内の日本企業のブランドランキング
出典：Interbrand社の100位以内の情報より筆者作成

1.4.2・激変する世界経済の中で変化しない日本企業

また、インターブランド（Interbrand）社が提供している「ベスト・グローバル・ブランズ（Best Global Brands）」ではどうだろうか。このランキングは、グローバルでのブランド価値を金額換算する同社独自の評価手法によって作成されている。2018年のTOP100にランクされている日本企業はトヨタ自動車を筆頭に図表12にある8社である。TOP100にはトヨタ自動車だけだった時価総額ランキングとは異なり、ブランド価値という点では若干、日本企業の存在感があると言える。

だが実は、2003年以降のTOP100にランクされている日系企業の顔ぶれは、2018年に新たにランクインしたスバルを除いてこの7社以外にないという点に驚く。

また、2018年の世界のTOP10企業の顔ぶれをみると、テクノロジー・セクター(Technology Sector)にカテゴリーされている企業が、アップル(Apple)、グーグル(Google)、マイクロソフト(Microsoft)、サムスン(SAMSUNG)、フェイスブック(Facebook)と5社になり、リテール・セクター(Retail Sector)のアマゾン(Amazon)を加えると、時価総額ランキングと同様にGAFAの存在感が際立つ(図表13)。その一方で、同じテクノロジー・セクターの日本企業が1社もランクインしていないことや、総合ランキングの日本企業の顔ぶれが変わっていない点からも、世界の潮流から日本が取り残されてしまった印象を受ける。

一般に、アメリカ企業は長期的な視点に欠け、直近の株主利益を優先した短期志向の経営を行っており、反対に日本企業は、安定した雇用により長期的視点に立った経営が行われていると思われがちだ。しかし、20年という長期的視点からこうした指標の推移をみても、日本企業に優位性があるとは感じられない。それどころか、世界の潮流の中でその存在感が薄らいでいると感じざるをえないことは、すでに何度も繰り返し述べてきたとおりである。

1.5 勤勉な日本人というステレオタイプ

1.5.1 ・ 海外の人材からは魅力に乏しい日本の労働環境

これまでは日本や日本企業について、海外の指標をもとに客観的に国際競争力を考察し、日本人自身が持つ主観的な自己認識と現実とのギャップを説明してきた。それでは次に、日本人という〝人〟にフォーカスを当てた場合、どういった評価になるかを考えてみたい。

フランス、シンガポール、アブダビにキャンパスを持つビジネススクールのINSEAD、人材サービスのアデコグループ、インドのテレコミュニケーション会社のタタコミュニケーションズが共同で人財に関する競争力をまとめた「人財競争力調査レポート（Global Talent Competitiveness Index：GTCI）」という指標がある（図表14）。2019年のこの指標によると、日本の人財競争力は世界125カ国中19位に位置づけられている。

	国・地域名	人財活用	人財に対する魅力度	人財育成	人財引き留め	専門スキル	グローバル知識スキル
1	スイス	2	5	2	1	1	4
2	シンガポール	1	1	11	26	7	1
3	アメリカ	4	14	1	13	2	3
4	ノルウェー	7	13	5	2	5	13
5	デンマーク	3	17	6	4	10	7
6	フィンランド	14	15	4	5	4	15
7	スウェーデン	10	10	7	6	11	10
8	オランダ	13	16	3	7	6	17
9	イギリス	9	9	9	11	27	5
10	ルクセンブルク	17	2	19	8	26	9
11	ニュージーランド	5	4	14	15	20	16
12	オーストラリア	19	8	10	12	21	8
13	アイスランド	18	18	16	9	12	2
14	ベルギー	21	19	8	14	15	18
15	オーストリア	15	21	17	3	9	25
16	アラブ首長国連邦	12	3	22	24	8	49
17	イスラエル	22	49	21	19	17	6
18	フランス	30	33	18	17	18	19
19	日本	6	45	20	20	23	26
20	エストニア	24	30	26	28	28	14
21	カタール	20	6	23	36	14	52
22	チェコ	25	28	25	22	22	32
23	マルタ	26	24	33	21	34	22
24	マレーシア	23	26	29	34	16	29
25	ポルトガル	31	27	31	23	41	33
26	スロベニア	38	47	34	27	29	24
27	韓国	27	81	28	39	37	20
28	スペイン	37	39	32	25	48	30
29	チリ	35	40	27	40	32	38
30	キプロス	44	29	57	42	31	21
31	コスタリカ	39	25	30	38	36	60
32	リトアニア	29	50	36	32	58	27
33	ブルネイ	28	37	65	48	24	51
34	ラトビア	40	51	46	37	42	31
35	イタリア	53	84	35	30	30	39
36	サウジアラビア	34	41	52	33	38	54
37	バーレーン	33	12	39	57	52	78
38	スロバキア	45	56	40	35	39	42
39	ポーランド	42	64	43	46	35	45
40	アゼルバイジャン	48	44	81	41	25	68
41	ギリシャ	76	86	47	31	49	36
42	中国	43	76	24	62	67	43
43	ウルグアイ	46	34	38	29	86	73
44	モーリシャス	32	42	59	50	43	81
45	オマーン	51	23	79	44	62	80
46	ロシア	81	109	44	52	47	28
47	トリニダード・トバゴ	54	38	64	56	44	71
48	モンテネグロ	61	58	67	64	33	48
49	パナマ	69	22	71	51	64	74
50	ハンガリー	50	78	83	45	53	46

図表14　世界の人財競争力ランキング
出典：Global Talent Competitiveness Index (GTCI) 2019, INSEAD

このGTCIの順位は、人財活用（Enable）、人財に対する魅力度（Attract）、人財育成（Grow）、人財引き留め（Retain）、専門スキル（Vocational and Technical Skills）、グローバル知識スキル（Global Knowledge Skills）の6つの指標で構成されている。

人財活用という指標はその言葉からは少し理解しづらいが、人財を活用する上での外部環境の指標であり、法規制や政治安定度などが考慮されている。この指標では日本の評価は6位となっている。

その一方で、その他の項目ではすべて20位以下となっている。特に、人財に対する魅力度という、国外からの人財の参入のしやすさ、国内での人財の移動、多様性といった指標では45位となっており、日本という国の閉鎖性からか、世界の人財からみて働く魅力の乏しい国と映っている点は非常に残念である。

1.5.2 ・日本にはびこる危機感の薄さ

また、専門スキルが23位となっている点はいかがだろうか。2015年にOECD加盟国（35カ国）の15歳を対象として行われた学力調査（通称PISA）では、日本の順位は、科学的リテラシーと数学的リテラシーではトップで、読解力では6位となっている（図表15）。一方、GTCIの専門スキルは23位という結果となっている。この指標では、基礎スキル、職業専門スキル、労働生産性などが考慮されており、OECDの調査で示された初等・中等教育の優位性がその後においてあまり影響していない点を考えると、高等教育の問題とともに、生産性が問題と考えられる。

またもう一点、グローバル知識スキルの26位はいかがであろうか。日本でも2020年以降は小学3年生から英語が必修化され、リーディングやライティングだけでなくスピーキングも重視される。グローバル知識スキルはもちろん前提として英語が必要であるが、それだけで十分と言えず、や

	科学的リテラシー	平均得点	読解力	平均得点	数学的リテラシー	平均得点
1	日本	538	カナダ	527	日本	532
2	エストニア	534	フィンランド	526	韓国	524
3	フィンランド	531	アイルランド	521	スイス	521
4	カナダ	528	エストニア	519	エストニア	520
5	韓国	516	韓国	517	カナダ	516
6	ニュージーランド	513	日本	516	オランダ	512
7	スロベニア	513	ノルウェー	513	デンマーク	511
8	オーストラリア	510	ニュージーランド	509	フィンランド	511
9	イギリス	509	ドイツ	509	スロベニア	510
10	ドイツ	509	ポーランド	506	ベルギー	507
11	オランダ	509	スロベニア	505	ドイツ	506
12	スイス	506	オランダ	503	ポーランド	504
13	アイルランド	503	オーストラリア	503	アイルランド	504
14	ベルギー	502	スウェーデン	500	ノルウェー	502
15	デンマーク	502	デンマーク	500	オーストラリア	497
	OECD平均	493	OECD平均	493	OECD平均	490
	信頼区間＊（日本）：533-544		信頼区間（日本）＊510-522		信頼区間（日本）：527-538	

＊信頼区間は母集団の平均値が存在すると考えられる得点の幅を表す。PISA 調査は標本調査であり、母集団を推定しているため、1回の調査で得られる平均値について、一定の幅をもって考える必要がある

図表15　OECD 加盟国(35 カ国)における学力調査の比較
出典:国立教育政策研究所 https://www.nier.go.jp/kokusai/pisa/pdf/2015/01_point.pdf

はり異文化への対応スキルが求められる。
内閣府が、日本に加え、韓国、アメリカ、イギリス、ドイツ、フランス、スウェーデンの国々を対象に、13歳から29歳の男女を対象とした「我が国と諸外国の若者の意識に関する調査」[*2]においても、異文化理解力・対応力を「十分身に付けていると思う」、「ある程度身に付けていると思う」と回答した日本人は29・4％で、調査対象国の中でもっとも低いという結果が出ている（図表16）。一方で、「ほとんど身に付けていると思わない」という回答は21・6％で、対象国中最高の数字であった。この点で、日本にいる限りは異文化に触れる機会が少ないため、自ら海外へ出ないことには異文化理解力や対応力のスキルで上位を獲得する

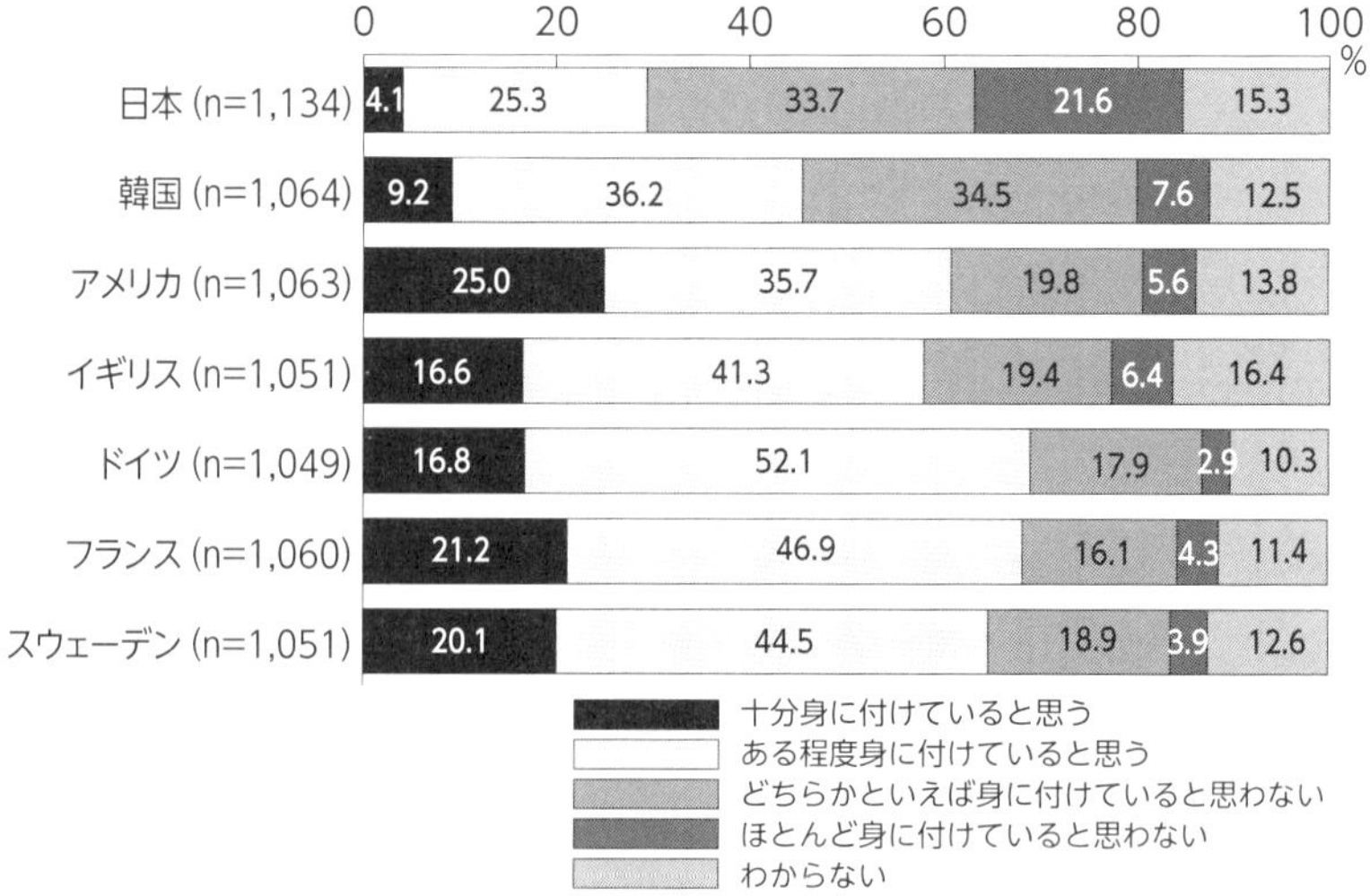

図表16　異文化理解力・対応力（諸外国比較）
出典：内閣府『令和元年版 子供・若者白書』（全体版）「特集1 日本の若者意識の現状～国際比較からみえてくるもの～」

*2 内閣府『令和元年版　子供・若者白書』「特集1　日本の若者意識の現状～国際比較からみえてくるもの～」

ことは難しいであろう。

社会人類学者の中根千枝は著書『適応の条件』において、日本人は日本にいる限り、異文化に対する直接的な経験がないため、異文化の知識は持ちえても、本当の意味で理解するのが難しいと述べている[*3]。また、同書では、さまざまな民族に囲まれたヒマラヤ国境付近のある村の村長がロンドンに滞在した際に、日本人よりもうまくカルチャーショックに対処していたという話がとても印象的であった。当然、科学技術の発展という観点でのショックはあるものの、対人関係という点では日常的に異文化に接する機会が多いため、日本人よりも抵抗が少ないというのだ。

この本が書かれた1972年から比べる

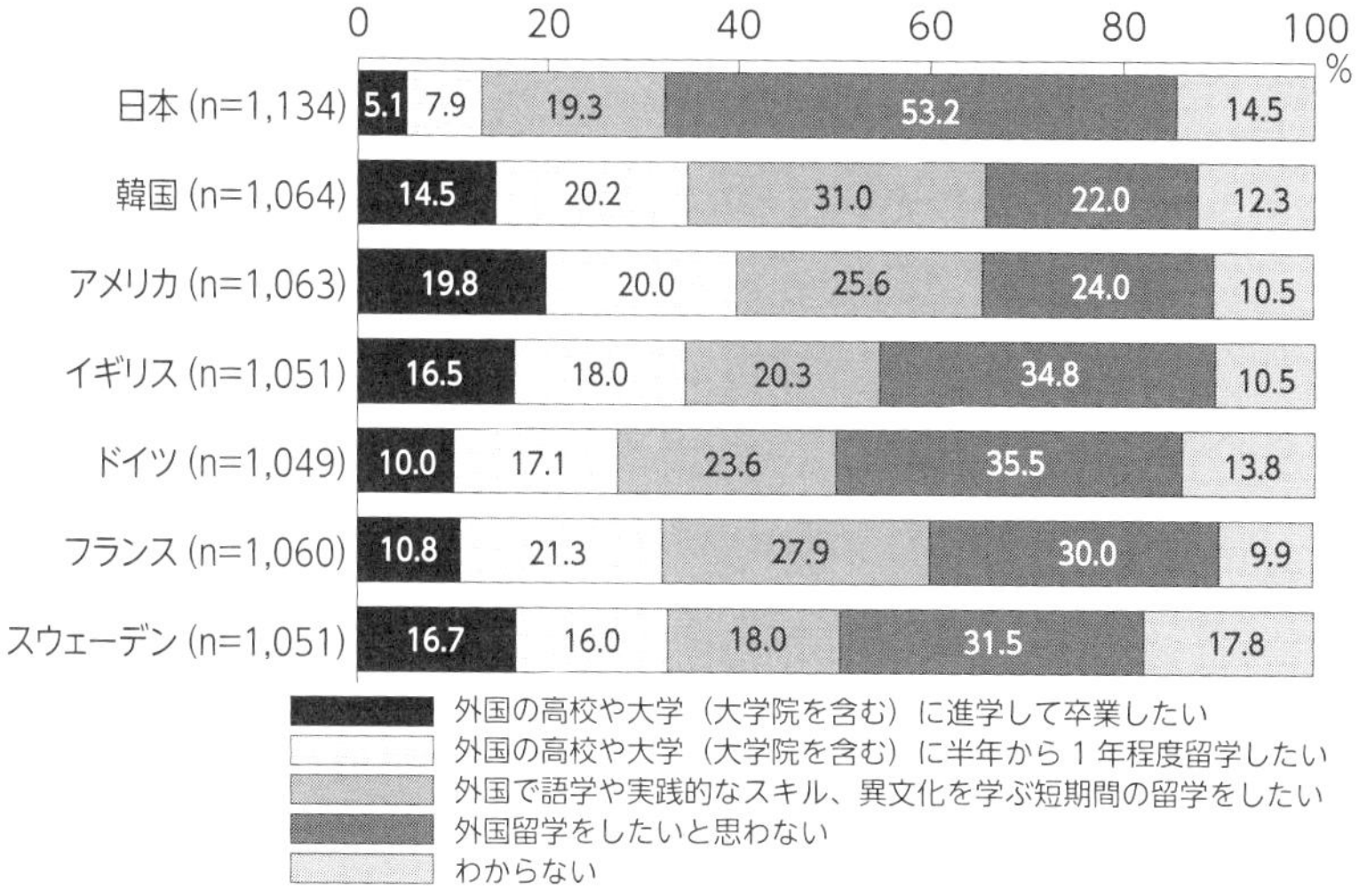

図表17　将来外国留学をしたいか
出典: 内閣府『令和元年版 子供・若者白書』(全体版)「特集1 日本の若者意識の現状～国際比較からみえてくるもの～」

*3 中根千枝『適応の条件』講談社現代新書 (1972年)

と、いまは日本国内でも異文化に触れる機会が増加しているものの、直接触れない限りは異文化へ対応するスキルを養うことが難しいという本質的な部分は変わらないであろう。

異文化の対応スキルを向上させるには、実際に海外に行って異文化に直接的に触れる機会が必要だとしても、では、この点について日本人はどのような意識を持っているのだろうか。

内閣府の「我が国と諸外国の若者の意識に関する調査」では、留学に対する意識も報告されている。日本は「外国留学をしたいと思わない」が最多の53・2％であり、調査対象の国の中で外国留学の意欲が著しく低い結果となっている（図表17）。

ちなみにお隣の韓国は、ＧＴＣＩの「グローバル知識スキル」のランキングは、日本よりも若干上位の20位となっており、内閣府の調査からも留学に対する意識が日本よりも高いことがわかる。

以前、クライアントのプロジェクトのために韓国に出張した際、韓国人マネジャーの方が、中学生の娘さんと奥様が一緒にアメリカへ留学中であると言っていた。奥様は娘さんを海外に留学させるために、これまで仕事をしてお金を貯めてきたそうである。韓国ではこのように母子で留学するケースが多いと聞いていたが、実際に話を聞くと、彼らの競争意識の高さに驚かされる。日本と比較すると国内市場が小さいために、国内ではなく海外でと考えているのだろう。

また、その後に香港にも立ち寄ったが、香港人のマネジャーは、当地では英語だけだと競争力とみなされないので、息子さんにフランス語も習わせていると言っていた。日本人には勤勉という自己イメージがあり、日本の初等・中等教育水準が高いため、専門スキルは高いと信じているかもしれないが、世界からみた競争力は前述のとおりである。個人レベルでみても、今後は、当然のように国際的な競争の中にさらされる他国に比べると、危機感が薄いのではと感じられる。

こうした留学に対する日本人の意識は、海外での就労という点についても同じような傾向を示している。内閣府の平成24年の

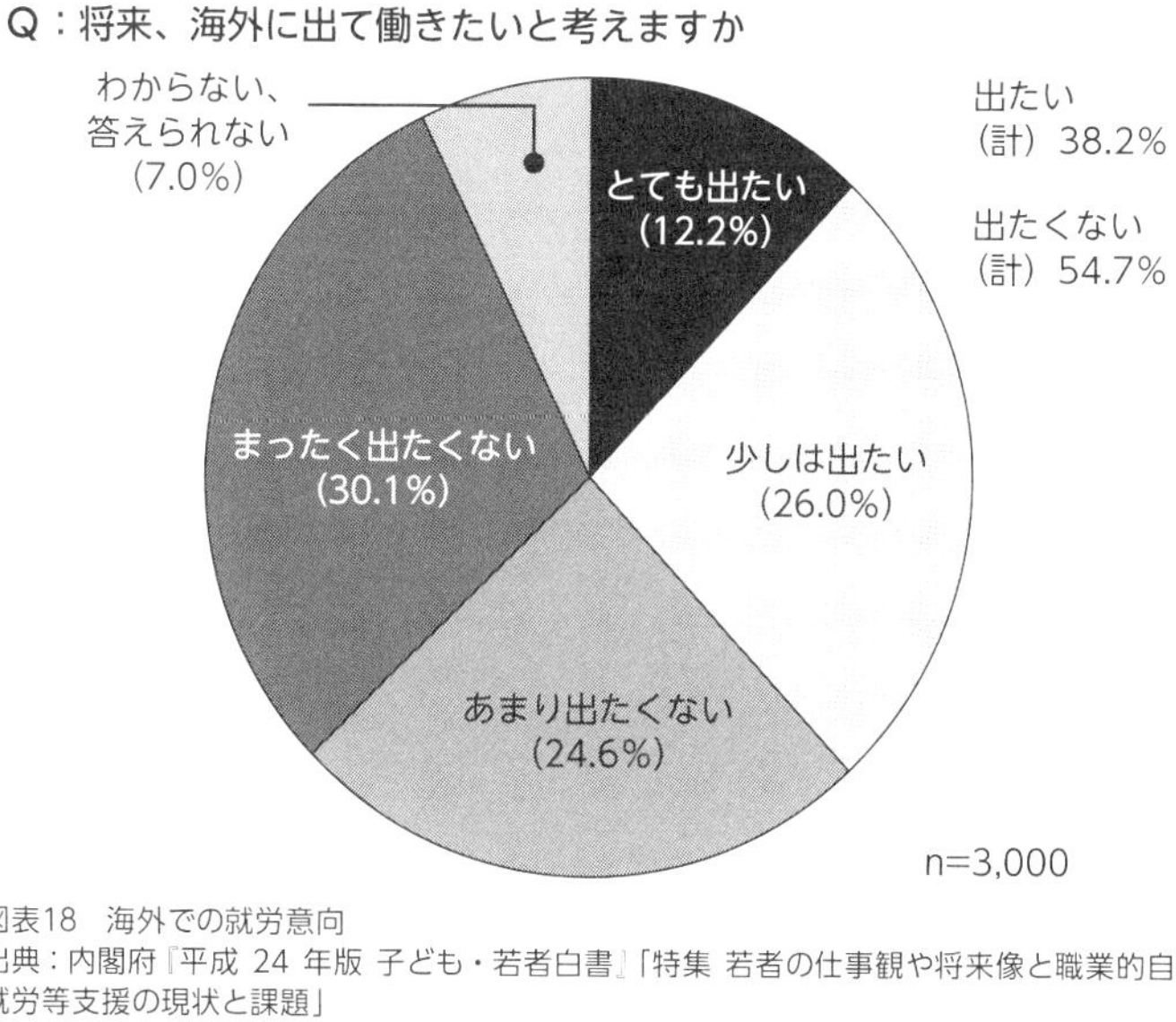

図表18　海外での就労意向
出典：内閣府『平成 24 年版 子ども・若者白書』「特集 若者の仕事観や将来像と職業的自立，就労等支援の現状と課題」

調査では、「将来、海外に出て働きたいと考えますか」という質問に対し、「まったく出たくない」「あまり出たくない」の回答が54・7%を占めている（図表18）。こうした情報は、若者の内向き志向として語られることが多いが、何も若者に限った話ではない。要は、国際化・グローバル化と言われ異文化との交流を積極的に行う人も一定数いるものの、いまなお日本国内にいると、異文化に接する機会が限定されるので、大部分の人は異文化に触れようと思い立つきっかけがないと推測される。

	日本	アメリカ
熱意あふれる社員 (Engaged)	6%	32%
熱意のない社員 (Not Engaged)	70%	51%
不満をまき散らす社員 (Actively Disengaged)	24%	17%

図表19　社員エンゲージメント調査
出典：ギャラップ社（2017年）

1.5.3・勤勉さを失いつつある日本人

それでも、日本人は真面目で勤勉な国民性があり、皆一生懸命に働いているじゃないかと思われるかもしれない。だが、実はこんなデータもある。

アメリカの調査会社であるギャラップ社が実施した社員エンゲージメント調査をみると、熱意にあふれる社員の割合は、アメリカの32%に比べて日本は6%と低く、139カ国中132位とのことだ（図表19）。逆に、熱意のない社員が70%もおり、さらに会社に批判的な「不満をまき散らす社員」を加えると94％にもなる。

日本企業が６％の熱意にあふれた社員と、94％の熱意を持てない社員で構成されていると考えると、なんともやるせない気分になってくるのではないだろうか。日本の組織では、熱意があると逆に煙たがられたりする傾向もあると思われるが、６％という数字をみると、日本の企業は大丈夫なのかという気にもさせられる。

内閣府の「我が国と諸外国の若者の意識に関する調査」でも、対象が29歳以下に限定されるものの、仕事に対する満足度調査が報告されている（図表20）。日本は「満足」「どちらかといえば満足」が47・４％で、調査国の中ではもっとも低い数値であり、「不満」「どちらかといえば不満」は

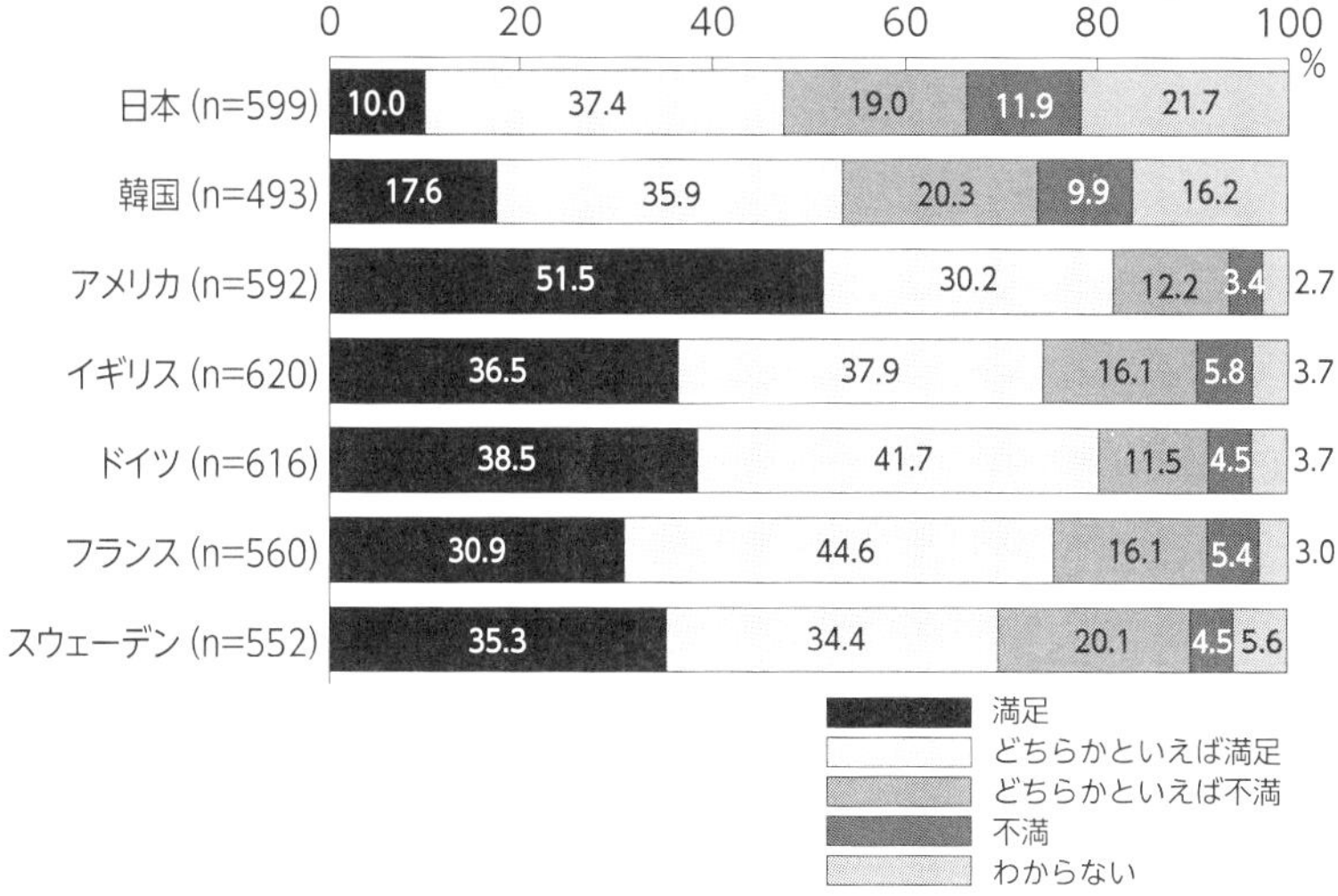

図表20　今の職場に満足しているか
出典：内閣府『令和元年版 子供・若者白書』（全体版）「特集1 日本の若者意識の現状～国際比較からみえてくるもの～」

30・9％にもなっている。

この結果をみて、読者の皆さんはどう思うだろう。仕事に対して熱意を持っている人、満足を感じている人が、周囲にどれだけいるだろうか？　同僚との飲み会などは、前向きというより、どちらかというと会社や上司に対する不満が多いのではないだろうか？　会社に入社した際には、何らかの希望や期待を持っていたはずであろうに……。

次に、勤勉さの判断基準の1つとも言える読書習慣について考えてみたい（図表21）。

調査会社のNOP worldが2004年から2005年にかけて、30カ国を対象に3万人以上に実施したインタビュー調査の

国・地域名	1週間の平均読書時間
1 インド	10.7
2 タイ	9.4
3 中国	8.0
4 フィリピン	7.6
5 エジプト	7.5
6 チェコ	7.4
7 ロシア	7.1
8 スウェーデン	6.9
9 フランス	6.9
10 ハンガリー	6.8
11 サウジアラビア	6.8
12 香港	6.7
13 ポーランド	6.5
14 ベネズエラ	6.4
15 南アフリカ	6.3

国・地域名	1週間の平均読書時間
16 オーストラリア	6.3
17 インドネシア	6.0
18 アルゼンチン	5.9
19 トルコ	5.9
20 スペイン	5.8
21 カナダ	5.8
22 ドイツ	5.7
23 アメリカ	5.7
24 イタリア	5.6
25 メキシコ	5.5
26 イギリス	5.3
27 ブラジル	5.2
28 台湾	5.0
29 日本	4.1
30 韓国	3.1

図表21　世界各国の読書時間比較
出典：Culture Score(TM) Index Examines Global Media Habits, NOP world

結果によると、日本人の1週間の読書時間が調査した30カ国中29位となっていた。もちろん、どのような本かにまで言及した調査ではないし、2005年という過去のデータである点を考慮すれば、勤勉さを考える上での参考情報の1つでしかない。

しかし、2014年の文化庁の調査[*4]（図表22－1）をみても、1カ月に本を1冊も読まないと回答した人の数がもっとも多く、全体の47・5％という結果であったし、全国大学生活協同組合連合会の『第54回学生生活実態調査の概要報告』[*5]では、読書習慣がない学生が48・0％もいたという結果からも、読書量は多いとは言えないだろう。また、同調査（図表22－2）では、ほとんどの年代で「読書量を増やしたい」と回答してはいるものの、読書量が減っている人の過半は「仕事や勉強が忙しく読む時間がない」と答えていることから、単に、仕事や勉強に追われる中で読書の優先度が落ち、その結果が読書習慣の低下として表れたのだろう。

会社での仕事に追われて忙しい毎日を過ごし、それ以外の時間では自己研鑽をするほどの時間も気力もなく、ほかに優先して取り組みたいことがあるため、読書時間を確保していないというのが大方の意見ではないだろうか。

よいアウトプット（成果）はよいインプットがあってこそできるのである。「巨人の肩の上に立つ（standing on the shoulders of Giants）」というアイザック・ニュートンによ

*4 文化庁　平成25年度「国語に関する世論調査」http://www.bunka.go.jp/tokei_hakusho_shuppan/tokeichosa/kokugo_yoronchosa/pdf/h25_chosa_kekka.pdf
*5 全国大学生活協同組合連合会の『第54回学生生活実態調査の概要報告』https://www.univcoop.or.jp/press/life/report.html

図表22−1　1カ月に読む本の冊数

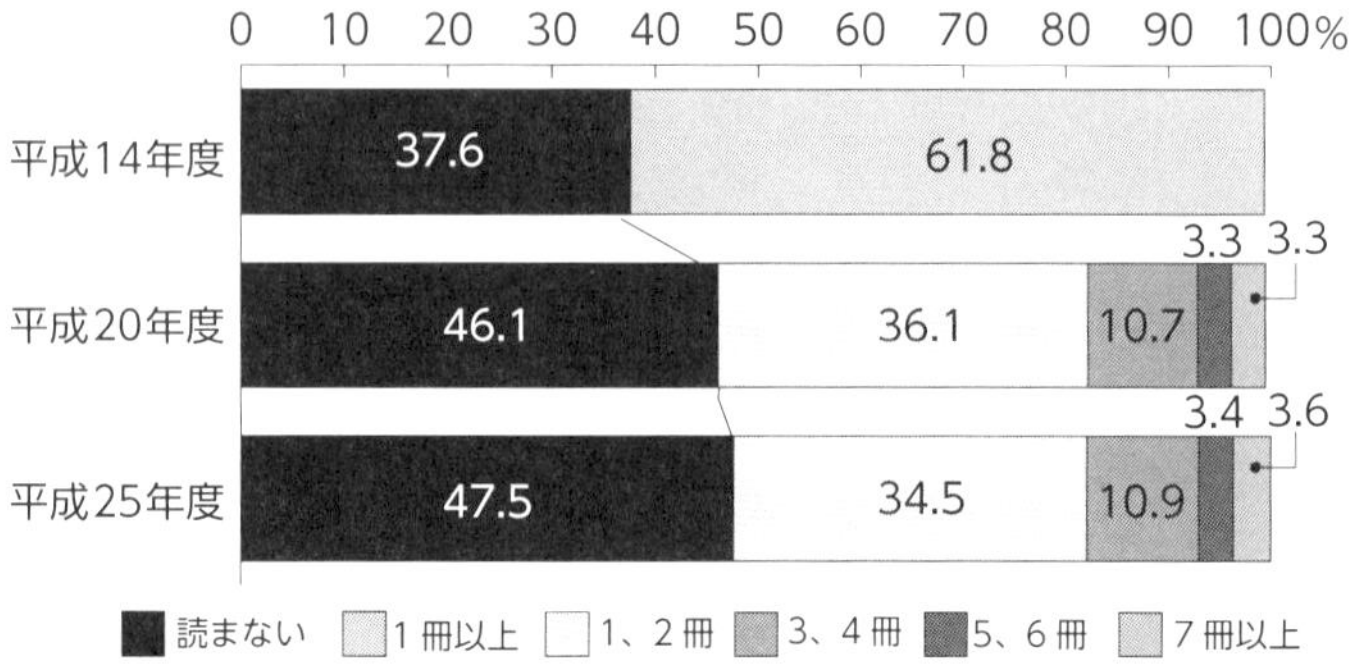

＊平成14年度調査は、「読まない」以外の選択肢が他の年度と異なっているため「1冊以上」とした。

図表22−2　読書量を増やしたいと思うか（性・年齢別）

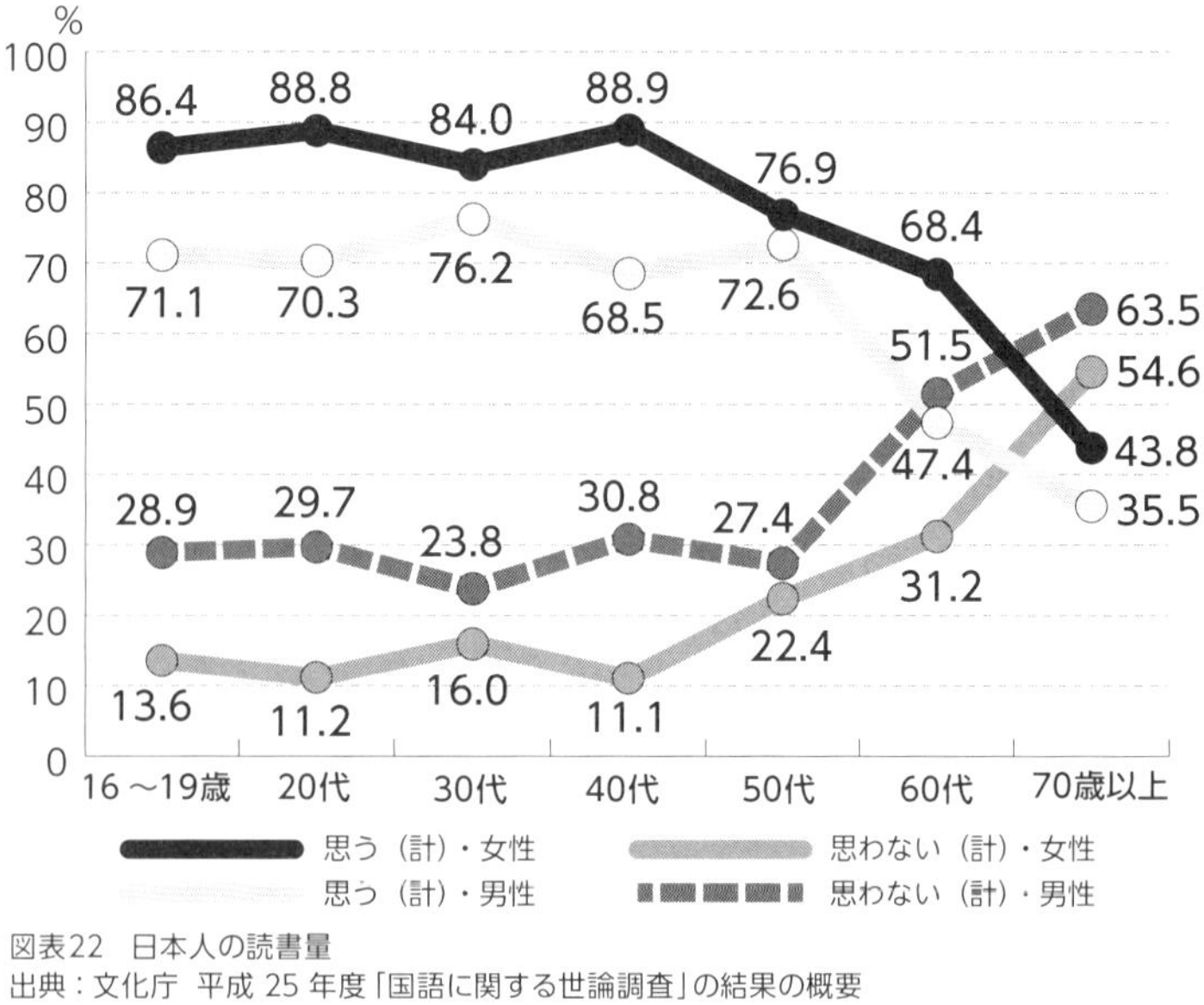

図表22　日本人の読書量
出典：文化庁　平成25年度「国語に関する世論調査」の結果の概要

るといわれる言葉は、先人の知見に触れて新しい発見を行うことの比喩表現であるが、読書はまさに巨人の肩に乗るための素晴らしいツールであり、成果をあげるためには必要なことではないだろうか。

先の内閣府の調査では、「仕事を選ぶ際に重視すること」という調査もある。「収入」「仕事内容」「労働時間」が上位であるが、過去の調査に比べて「労働時間」を重視する人が増えていることにも触れられている。こうしたことから、仕事に対する熱意が低いことや、読書時間が少ないなど、個人の資質によるものではなく、仕事に忙殺されるあまり心身ともに疲弊した結果、もともと持っていた熱意を失い、自己研鑽する時間も確保できず、そうした状況から職場に対する不満が募ると考えられるのではないだろうか。

誤解のないように書き添えるが、日本にはもちろん、素晴らしい競争力を持った方がおり、高いモチベーションを持って活躍している方も大勢いらっしゃることは事実である。ただ、国際的な指標や調査結果における相対的な評価として、見方によってはあまりよろしくない結果になっていることは、事実としてしっかりと目を向けるべきだと考える。

1.6 日本人は幸せなのだろうか

国際競争力との直接的な関係性は説明できないが、先に触れた状況の中、われわれ日本人はいまの自分たちをどのようにとらえているのだろうか。

国連の関連団体が毎年発行する「世界幸福度レポート」2019年版において、2016〜2018年の日本の幸福度は58位と、調査が開始された2012年の44位からその順位を徐々に下げている（図表23）。もちろん、幸福度は主観的な調査であり、幸せに対する文化的な価値観が影響するため、その順位をもってすぐさま幸・不幸を判断するものではない。ただ1つ言えることは、われわれ日本人自身の感じる相対的な幸福度が年々下がっているととらえられるのではないか。やはり何かがおかしい状態のまま、物事がよくない方向に向かっていると感じざるをえない。

明治期の近代日本の幕開け以降、日清・日露戦争、太平洋戦争、戦後復興、高度経済成長、そしてバブル期に全盛を迎えた日本の競争力は、勤勉で忍耐強いという日本人の国民性によって幾度もの困難を乗り越えて築き上げられたことは紛れもない事実である。一方で、経済規模が世界第2位となり、それなりの暮らしを手にして以降、日本人の勤勉さは、初等教育における学力向上には活かされるものの、その後は日々の忙しさにかまけるあまり、何かを成し遂げるための継続的な勉学に励むために使われなくなったと言えるのではないか。

そしてP・F・ドラッカーは著書『プロフェッショナルの条件』でこう述べている。「知力や想像力や知識は、あくまでも基礎的な資質である」、「それらの資質を成果に

順位	国・地域名
1	フィンランド
2	デンマーク
3	ノルウェー
4	アイスランド
5	オランダ
6	スイス
7	スウェーデン
8	ニュージーランド
9	カナダ
10	オーストリア
11	オーストラリア
12	コスタリカ
13	イスラエル
14	ルクセンブルク
15	イギリス
16	アイルランド
17	ドイツ
18	ベルギー
19	アメリカ
20	チェコ
21	アラブ首長国連邦
22	マルタ
23	メキシコ
24	フランス
25	台湾
26	チリ
27	グアテマラ
28	サウジアラビア
29	カタール
30	スペイン

順位	国・地域名
31	パナマ
32	ブラジル
33	ウルグアイ
34	シンガポール
35	エルサルバドル
36	イタリア
37	バーレーン
38	スロバキア
39	トリニダード・トバゴ
40	ポーランド
41	ウズベキスタン
42	リトアニア
43	コロンビア
44	スロベニア
45	ニカラグア
46	コソボ
47	アルゼンチン
48	ルーマニア
49	キプロス
50	エクアドル
51	クウェート
52	タイ
53	ラトビア
54	韓国
55	エストニア
56	ジャマイカ
57	モーリシャス
58	日本
59	ホンデュラス
60	カザフスタン

図表23　国別幸福度ランキング
出典：World Happiness Report 2019, United Nations Sustainable Development Solutions Network https://s3.amazonaws.com/happiness-report/2019/WHR19.pdf

結びつけるには、成果をあげるための能力が必要である」[*6]と。知識は基礎的な資質として必要であるが、知識だけでは何も生まれないのである。その学んだ知識を何かの成果に結びつけなくてはいけない。この成果に結びつける能力こそマネジメントであろう。

われわれ日本人は、日々の忙しさにかまけて、自己研鑽により高い付加価値を提供するための時間的・精神的余裕を失っている。そして、それとともに、自らが考え、いかに成果をあげるかというマネジメントの訓練を積んできていないのではないだろうか。

そしてまた、日本人としての強みである忍耐強さは、新しい挑戦を行い、さまざまな困難に耐えることにではなく、同調圧力により周囲を気にし、自分をそれに合わせることへの我慢に使われ、特に危機感を持って行動せずとも、〝いまのところは〟それなりに暮らしていけてしまう現実の中で、都合の悪い情報には向き合わない傾向があると感じざるをえない。

もちろん、これはあくまで個人的見解としてであり、ほかの国と比べて日本には素晴らしい面が多くあることも事実だろう。ただ、そこに満足するのではなく、そうでない側面にもしっかりと目を向けるようにしたい。そういった事実を受け入れる姿勢こそが、いまのわれわれには必要なのではないだろうか。

*6 P.F.ドラッカー『プロフェッショナルの条件』ダイヤモンド社（2000年）

1.7 すでに起こった未来

2003年の「BRICsレポート」を覚えている方はいるだろうか。

BRICsという言葉自体、昨今はあまり耳にしなくなったが、ブラジル（Brazil）、ロシア（Russia）、インド（India）、中国（China）の頭文字をとった言葉であり、「BRICsレポート」は、2003年にアメリカのゴールドマン・サックス証券が投資家向けに発表した「Dreaming With BRICs: The Path to 2050」というレポートである。

この2003年の「BRICsレポート」では、2016年に中国のGDPが日本を超え、2050年時点のGDPの上位国は中国、アメリカ、インド、日本、ブラジル、ロシア、イギリスの順になるとレポートしていた。

私はあのレポートを読んだときの衝撃をいまでも忘れない。

実際には2016年よりも早く2010年に、日本のGDPは中国に抜かれることとなり、42年間保った世界第2位の地位を譲って第3位となるのだが、2003年当時の日本はまだ世界第2位のGDPを誇っており、「眠れる獅子」と言われた中国が本当に日本を上回るのだろうかと、海外に対する関心が持てないほど仕事に忙殺されていた当時の私には、疑問であった。

そのころは、オフショア開発が普及しはじめた頃であり、実際のシステム開発の現場でも中国出身のシステムエンジニアが増えてきたように感じられた時期である。外資系企業で働く人からすれば、上司が外国人になるのは日常だったろうが、日本企業で働いていた当時の私からすれば、自分の上司がいずれ、日本人でなくインド人や中国人になるのだろうかと想像しながら、これまでとは違った世界に足を踏み入れることに対する漠然とした危機感を抱いたのを、いまでも覚えている。

そして、その世界はいま、現実となっている。数十年の単位でみれば変化を明確に感じられるが、日々の仕事に忙殺されている間に、ゆでガエルさながらに、気づいたときには世の中ががらりと変わっていたりするものである。しかも、OECDの最新の予想では、2050年のGDPランキングは、中国、インド、アメリカ、インドネシアの順で、日本はインドネシアに次いで5位となっているのである[*7]。

P・F・ドラッカーは著書『すでに起こった未来』において、未来を予測しようとしても無駄であり、人間にできることではないと説明している。それゆえ、すでに起こった変化を確認し、それを機会としてとらえるべきだと説いている[*8]。本章でこれまで触れてき

*7 OECD Data, GDP long-term forecast, https://data.oecd.org/gdp/gdp-long-term-forecast.htm
*8 P.F.ドラッカー『すでに起こった未来　変化を読む眼』ダイヤモンド社（1994年）

たように、日本、日本企業、そして日本人の国際競争力が失われつつあるという事実は、過去の繁栄をひきずる自分たちの感覚以上に、日本が世界の成長から取り残されつつあるという事実を示しているのではないだろうか。そして、これからの日本の未来のために、自分たちは一度こうした事実に向き合うべき時がきているのではないだろうか。

昨今では日本企業が経営難に陥り、外資系企業が支援するというケースが増えている。われわれが暮らす日常の身の回りには目立った変化が起こっていないように感じるが、かつては日本企業が提供していた身近に触れる製品が、外国企業の手によるものとなっているケースも多い。昔と変わらないブランドながら、その企業はすでに日本企業でないということだってある。自分たちでは改善が図れず、どうにもならない事態になって外部の手に頼るしかなくなってからでは遅いのである。自分自身の力で物事の改善が図れるうちに、事実に向き合い、何かを変える必要がある。

第2章

Management for Global Competitiveness

競争力を失いつつある日本企業の課題

2.1 誰の課題なのか

世界からみた日本・日本企業、日本人の競争力が相対的に低いという現状を踏まえ、今後の日本はどうなるであろうか？　いや、われわれは今後の日本をどうしていきたいのか？　少子高齢化が一段と進み、人口の減少や日本の市場自体が縮小に向かうようであれば、世界経済フォーラムの「世界競争力レポート」で4位に位置づけられていた市場の競争力は失われ、5位とされていたインフラもそれを維持する力を失い、全体的な競争力はより一層失われることになると考えられる。

こうした状況をただ悲観的にとらえるのではなく、われわれの次世代や、さらにその次の世代にどのような日本を生きてほしいか、そしてそのために何ができるのかを考える必要があると思っている。

行政として日本の将来のビジョンを描き、成長戦略を策定し、経済政策を実施していくことで対応すべきさまざまな社会問題については、門外漢であるため本書では触れない。

ただ、われわれはこうした問題を、結局のところ、すべて政治が悪いと他責にしてしまいがちではないだろうか。いまの政治が良いか悪いかは別として、とらえ方の問題として、課題によってはわれわれ自身にもう少し手触り感のあるところまで落とし込むことができるのではないだろうか。

日本の競争力の中において、経済的競争力とはすなわち、日本企業の国際競争力である。前章で触れたとおり、日本企業の国際的な競争力が世界の潮流からみて弱まっている状況を踏まえ、あなたはどう感じるだろうか。

日本の課題をすべて政治の問題ととらえるのと同じように、自分自身が勤める会社の課題も、「うちの会社の経営陣は頭が固いからねぇ」と、自分事ではなく経営陣が悪いと考えてしまい、自分とはかけ離れた問題としてとらえてしまいがちではないだろうか。自分とその周囲に直接的に影響することには興味を抱くものの、そうでない場合には、たとえ自分がその組織の一員であったとしても、他人事として関心をいだけないのではないか。

もちろん、組織上のさまざまな仕組みづくりにおいては、経営陣の意思が働くことが多いため、その意思決定に関する問題であれば経営陣の問題ととらえることになるだろう。

ただし少し見方を変えて考えるとどうだろう。企業は企業として成り立っているのではなく、ある共通目的のために人が集まり、人が企業を組織しているとする。そうであるならば、組織の問題もすべて経営陣の問題としてとらえるのではなく、その組織を構成している個々人が、ある目的のために企業を組織している一員であるという点に立ち戻り、組織の課題も結局は一人ひとりの問題として考えることができるのではないだろうか。

組織の力は、個々人の力の積み上げであり、人は組織を作ることで、1人ではできないことができるようになる。そして、組織することは個々人の力を最大限に引き出すための手段ととらえるべきではないか。こうした観点から、一度日本企業の課題について検討してみたいと思う。

2.2 そもそも企業の目的とは

日本企業の国際競争力というものを考えた場合、〝国際競争力〟という言葉ではなかなかとらえどころがなく、ピンとこないかもしれないが、内閣府の定義では「国際的な競争にさらされる中で、企業が高い所得を生む能力」となっている。さらに、「フォーチュン」誌の「フォーチュン・グローバル500」のランキングの基準で言えば、売上である。

前章では時価総額のランキングにも触れたが、時価総額は株式発行数と株価からなっており、株価は株式市場の影響も受けるが、一般に売上や利益と連動しているものである。

人口減少に伴い、仮に日本市場が縮小に向かいつつあることを想定した場合、日本企業は世界市場の成長の波に乗り、日本だけでなく世界でより収益をあげることが必要になってくる。実際に日本の輸出額はリーマンショック後の２００９年にかなりの落ち込みがあったものの、２０１８年時点で２００８年レベルまで回復しており、対外直接投資額については、輸出同様に２００９年と２０１０年に落ち込みがあったものの、その後は急速に拡大し、２０１７年の金額は２００８年の1・3倍ほどの規模にまでなっている（図表24、25）。

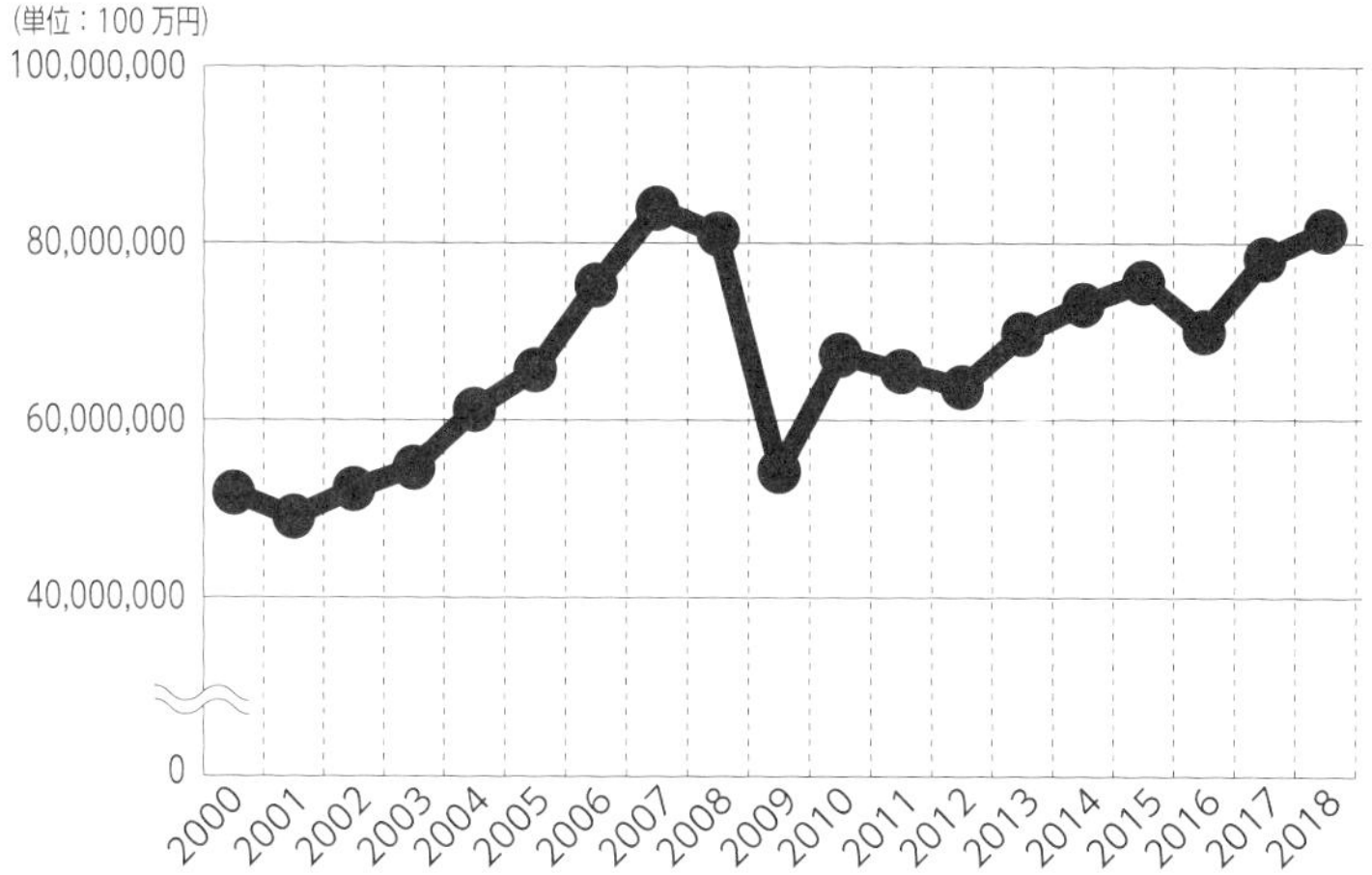

図表24　日本の輸出額
出典：財務省貿易統計 http://www.customs.go.jp/toukei/suii/html/nenbet.htm より筆者作成

また、日本企業の海外売上高比率をみると、その割合が年々大きくなっており、2017年度では58・4%にまで上昇している（図表26）。

こうした収益は企業の活動の成果である点に着目すると、いかに成果を生み出すかが重要になってくる。この点、ドラッカーは著書『現代の経営』において、企業の目的は利益の追求ではなく、「顧客の創造である」[*9]と説いている。利益はあくまで顧客の創造の結果として表れ、事業の妥当性の判断基準となるものとしている。

人口減少に伴い、日本市場がこの先縮小へ向かうという想定や、実際に、逆に日本企業の海外売上高比率が年々増加に向かっていることを考えれば、日本だけでなく海

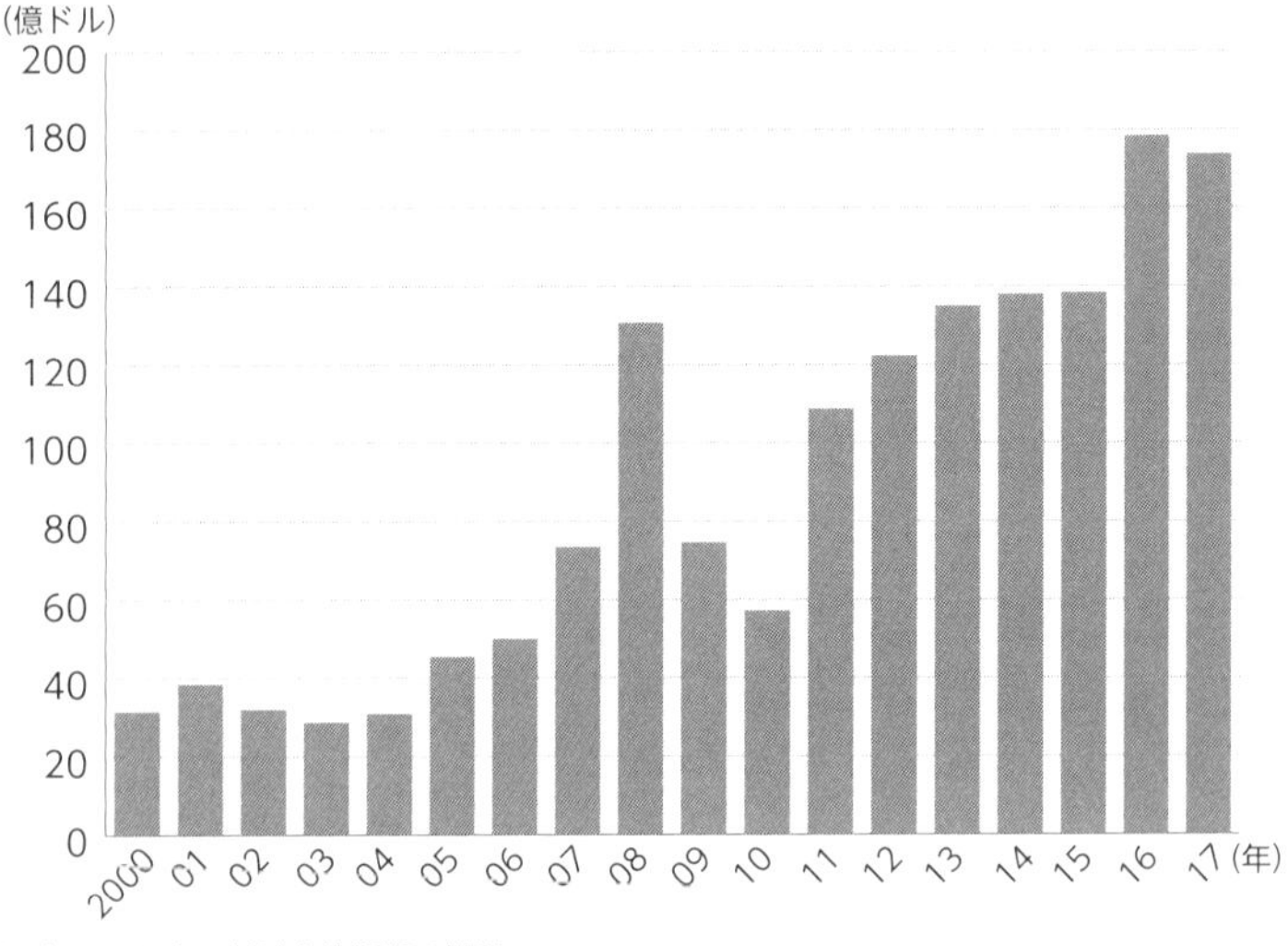

図表25　日本の対外直接投資の推移
出典: JETRO 直接投資統計 https://www.jetro.go.jp/ext_images/world/japan/stats/fdi/data/country1_18cy.xls

*9 P.F.ドラッカー『ドラッカー名著集2 現代の経営』ダイヤモンド社（2006年）

外市場での顧客の創造に視点をフォーカスする必要があり、その結果、収益という形で、競争力の指標として扱われる。では、この顧客の創造はどのような活動を経て得られているのだろうか。

ドラッカーは、企業はマーケティングとイノベーションという2つの基本機能を持つと説いている。ここでいうマーケティングとは、プロモーションやダイレクトメール、ウェブ広告といった狭義のマーケティングではなく、〝顧客は何を求めているか〟〝自社は何を提供すべきか〟を問う広義のマーケティングである。

そしてイノベーションは、一般に〝技術革新〟とだけとらえられがちだが、実はそうではない。イノベーションは本来、オー

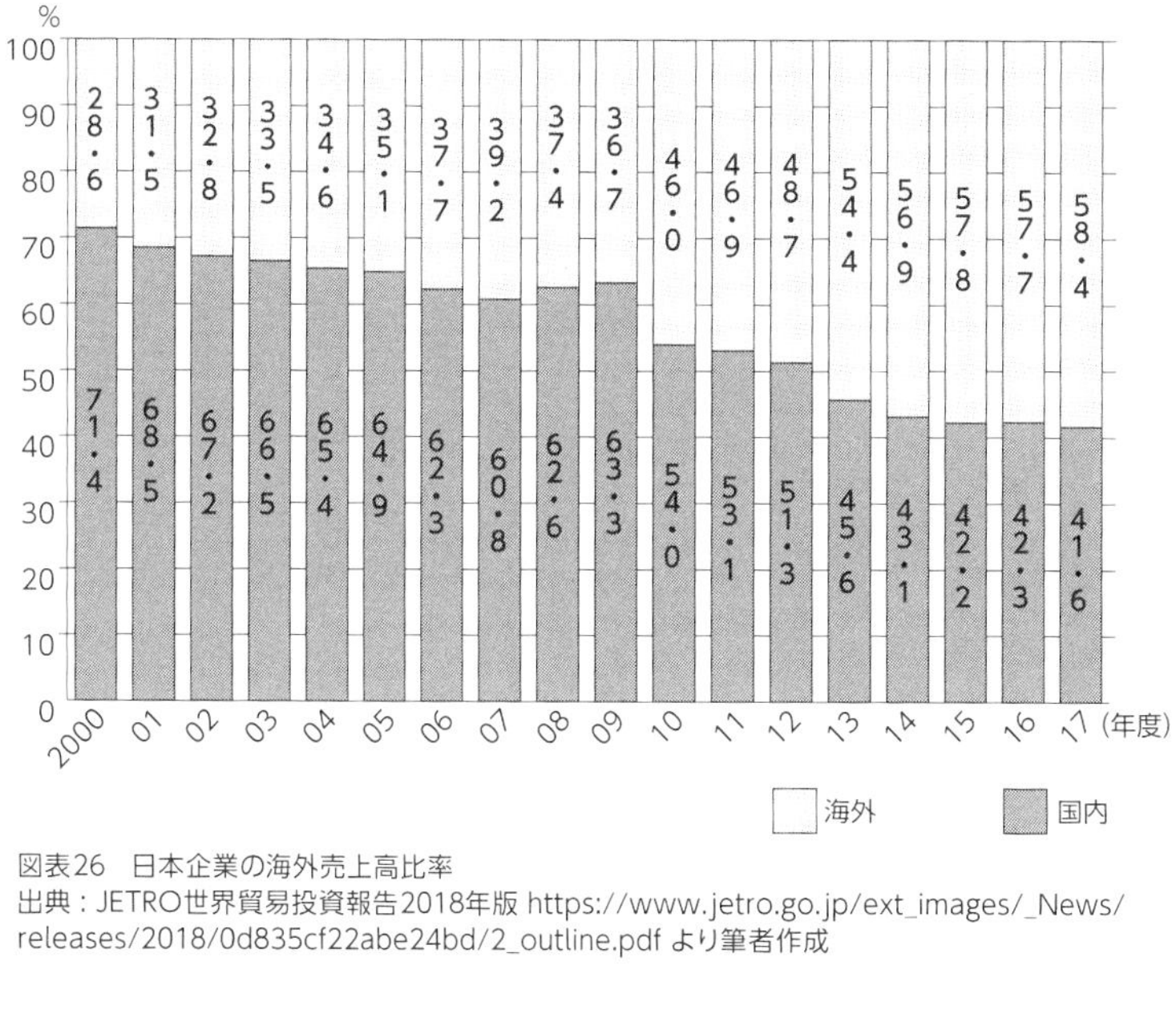

図表26　日本企業の海外売上高比率
出典：JETRO世界貿易投資報告2018年版 https://www.jetro.go.jp/ext_images/_News/releases/2018/0d835cf22abe24bd/2_outline.pdf より筆者作成

ストリアの経済学者ヨーゼフ・シュムペーターが著書『経済発展の理論』で説明した新結合という言葉である。

生産とは物や力の結合であり、非連続的に行われる結合の変更を新結合であるとし、この新結合の遂行により経済的な発展が生まれると説明されている[*10]。具体的には、新しい製品の生産（プロダクトイノベーション）、新しい生産方法の導入（プロセスイノベーション）、新しい販路の開拓（マーケットイノベーション）、新しい供給源の獲得（サプライチェーンイノベーション）、新しい組織の実現（オーガニゼーションイノベーション）に分類されており、技術革新の分野だけではないのである。

さらにドラッカーは、組織が機能として持つべきイノベーションは、勘やひらめきのような再現性が難しいイノベーションではなく、機会を体系的に分析して考えうるものであり、そして企業の内側ではなく、企業の外側である社会に対する変化であるとしている。つまり、顧客の創造という企業の目的は、企業が広義のマーケティングと、そして本来の意味でのイノベーションの積み上げによってもたらされると考えられる。

日本企業が自社製品を海外市場に輸出し販売する事例について、シンプルに考えてみよう。

単純に品質の高い製品を大量に作って売るという「プロダクトアウト」の発想では、今

*10 J.A.シュムペーター『経済発展の理論』岩波書店（1977年）

日の世界の市場にはなかなか通用しない。顧客のニーズをとらえ、顧客が欲しい付加価値の高い製品を提供するという「マーケットイン」の観点で製品を提供するとすればプロダクトイノベーションが必要であるし、その製品をより効率的に市場に提供するという意味ではサプライチェーンイノベーションが必要となる。

こうしたイノベーションを成し遂げるために、どれだけの人が関与する必要があるだろうか。当然、企業にもよるが、効率化を進めるために専門性を元にした分業が進んでいる大企業となると、企画、設計、製造、品質保証、購買、法務、財務、物流、販売、マーケティング、広報、アフターセールス、システム、セキュリティなどのさまざまな部署が関係するはずである。

こうした1つ、または複合的なイノベーションは各分野の専門家を集め、有期的な組織である変革のためのプロジェクトを立ち上げて対応するのが一般的であると思われる。つまり、広義のマーケティングにおいて、顧客が求めているものを明確にし、イノベーションを実現するための個々の変革プロジェクトの成功を積み上げることで企業は競争力をつけることができるのだ。

2.3 マネジメントの機能不全に陥る日本企業

企業におけるマネジメントとは、広義のマーケティングと本来の意味でのイノベーションを機能させ、顧客を創造するという目的を達成することである。日本企業の国際競争力という観点で言えば、こうした企業活動のマネジメントの結果としてつちかわれたものであると考えられる。

ここで、改めてマネジメントという言葉の理解をすり合わせておきたい。

マネジメントにはさまざまな解釈があると思われるが、会社員が「うちの会社のマネジメントは……」といった場合は、経営陣という役割を意味するだろうし、「人材のマネジメントが重要である」といった場合は、手段としてのマネジメントが使われる。

また、英語の“Management”が“管理”という本来の意味とは少し違ったニュアンスで和訳されることもある。

マネジメントの父と呼ばれるP・F・ドラッカーはさまざまな表現でマネジメントを説

明しているが、著書『明日を支配するもの』において、マネジメントを「組織をして成果を上げさせるための道具、機能、機関」[*11]であると説いている。つまり、経営陣という組織もマネジメントであり、成果をあげるための機能もまたマネジメントである。

こうしたマネジメントに関しては、「経営陣が悪い」といった言葉で片付けられてしまいがちであるが、経営陣による意思決定だけの問題ではない点には先に触れた。現場からの情報が正しく経営陣に上がっていることが、正しい意思決定を行うことの前提であり、その情報をもとにした意思決定自体も合理的に行われる必要がある。そしてまた意思決定された内容が正しく遂行され、その内容を実際の成果に結びつけ、そうした変化を定着させることが必要になるのだ。成果というものが、この一連の流れを機能させるマネジメントによってなされることを考えると、この一連の流れをいかにうまく回すかという点が重要だと考えるのである。そして、昨今は以前にも増して外部環境の変化が激しいため、変化の中においてもこの一連の流れを機能させ続ける機敏さが組織に求められている（図表27）。

経営学者ジェームス・アベグレンは高度経済成長期の日本の成功要因を「終身雇用」「年功序列」「企業内組合」と分析しているが、こうした仕組みにより雇用が確保され、トヨタ生産方式に代表されるように現場主導による製品の生産性や品質の向上により、日本

*11　P.F.ドラッカー『明日を支配するもの　21世紀のマネジメント革命』ダイヤモンド社（1999年）

企業が競争の優位を築いてきたことは言うまでもない。

こうした日本企業の強みの源泉について、一橋大学の沼上幹教授らによる『組織の〈重さ〉』[*12]においても、経営陣による大まかな方向性の指示のもと、ミドルマネジメントが主体的に組織内外と相互に連携し、現場に近いところで創発的な戦略を生み出し、それを実行してきたことにより競争力が支えられてきたと説明されている。

しかしその後、現場に強みを持っていたはずの日本企業は、過剰な「和」志向、フリーライダー問題、経済合理性から離れた内向きの合意形成、経営リテラシー不足が要因となって劣化し、組織の機敏さを失い〝重い組織〟となっていることが説明されている。意思決定事項を現場で遂行する際には、実に全体の平均4割前後の時間を組織内の調整に割かれている調査結果も示されており、そうした活動だけで現場が疲弊する様は、この本を読まれている読者の方々も想像に難くないのではなかろうか。

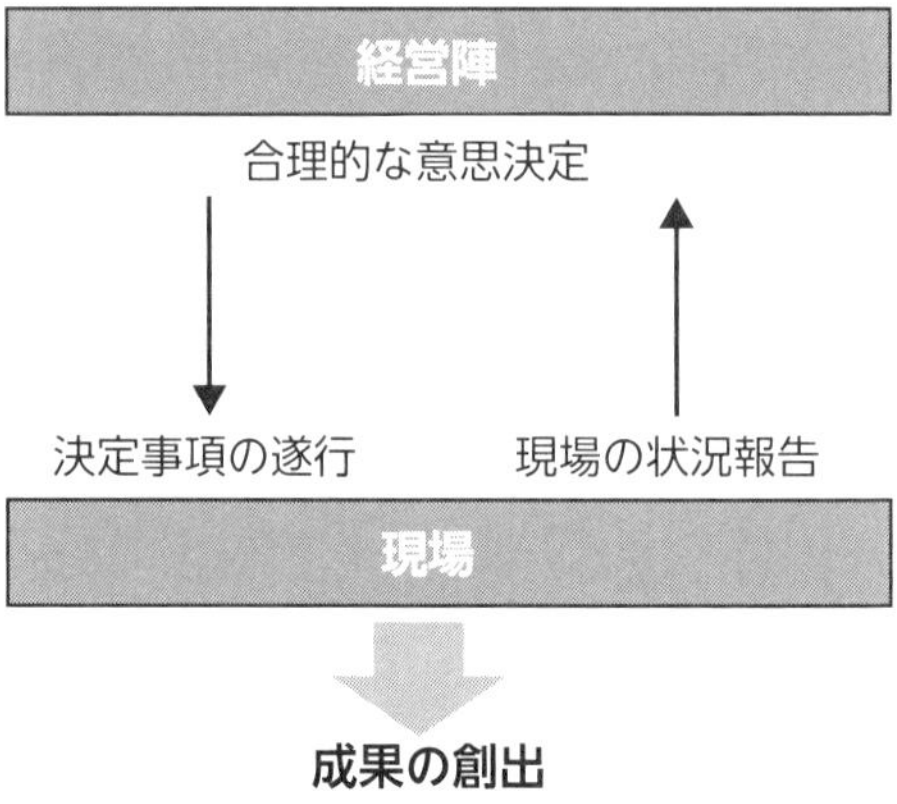

図表27　成果をあげるマネジメント機能　筆者作成

*12 沼上幹・軽部大・加藤俊彦・田中一弘・島本実『組織の〈重さ〉 日本的企業組織の再点検』日本経済新聞出版社(2007年)

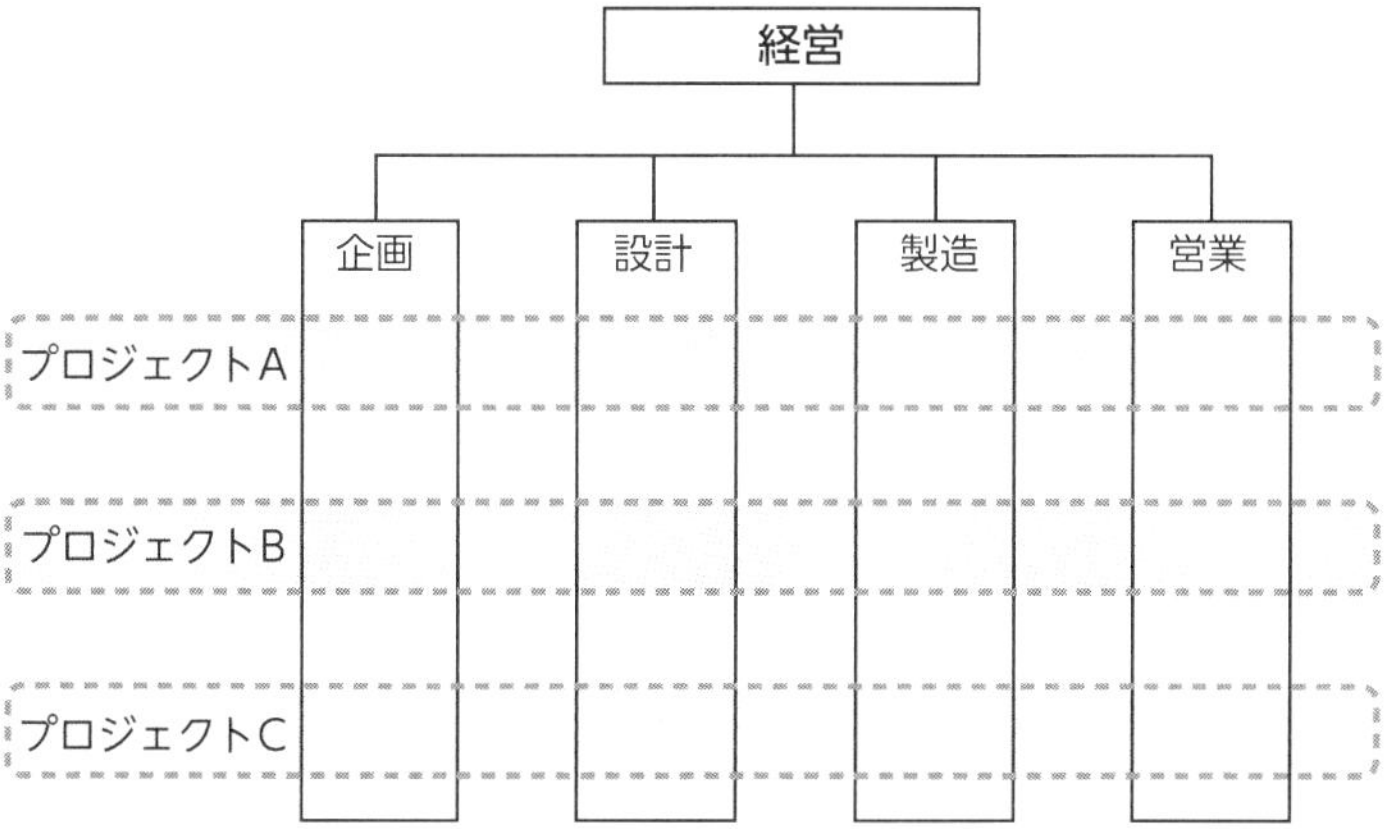

図表28　ラインとプロジェクトのマトリクス組織　筆者作成

また、社内には直面する課題をどうすれば解決できるかという前向きな思考ではなく、ただただあるべき論を述べる評論家が多く存在し、合意形成の段となれば、組織全体の最適解というよりは経営陣同士の政治的な決着になりがちで、組織全体として戦略的思考が失われていくと論じている。実に的確に日本企業の組織課題が説明されている。

プロジェクトの推進は、分業化が進んだタテ型の組織においては横断的な活動となるため、まして海外拠点を含めるようなプロジェクトであれば、タテのラインに加え地域拠点というもう1軸が加わり、とにかくステークホルダー間の合意形成に多大な労力が必要とされる（図表28）。

そして合意形成を行うべく、各ラインや地域拠点の主要なメンバーにプロジェクト概要を説明すると、組織全体の全体最適とライン・地域拠点における個別最適との対立構造になり、なかなか協力を得られないこともしばしばある。結局は意思決定を仰ぐべくトップマネジメントにエスカレーションするものの、組織全体として成果を生み出すという観点というよりは、トップ同士の力関係により物事が決定され合理性を欠いたものになってしまう。

また、経営陣と現場間の情報連携にも問題があり、経営陣からの現場への目標達成に対する圧力や、現場は現場で最後までやり抜くという強い責任感のもと何とかしようと必死になり、仮に危機的な状況であっても客観的な事実がオブラートに包まれて、経営陣まで正しく報告されないことも考えられるだろう。

つまり、経営陣の意思決定と、現場による実行、さらには現場から経営へのエスカレーションといった一連の流れにおけるマネジメントが原因となり、組織としての機能不全を起こしていると考えられ、その結果成長する世界の市場の中で意図した成果があげられず、日本企業がその存在感を弱めていると考えられるのではないか。

2.4 マネジメントが苦手な日本人の傾向

その国の国民性を、ステレオタイプを用いて皮肉った「エスニックジョーク」というものがある。

差別的にとらえられる表現も多く含まれるため本書では具体的な事例にまでは触れないが、日本人に関するエスニックジョークと言えばもっぱら、〝ほかの皆がそうするので自分もそうする〟という「集団主義」や、自分では意思決定せずに〝持ち帰って相談〟という社内コンセンサスをベースとする日本的な意思決定方法、また〝上からの指示にはよく従うが、自分たちでは方向性が決められない〟といった内容で揶揄されるものが多いだろう。ステレオタイプであるため実際とは異なる部分があるが、案外当てはまるかもしれないと、思わず笑ってしまうものもある。

ジョークであれば笑ってすませられるだろうが、実社会で現実に起こっているとすれば笑い事ではすまない。

日本企業の国際競争力という点を考えた場合、経営陣の意思決定、およびその決定事項の遂行におけるマネジメント上の問題だけではなく、われわれ日本人の過去の歴史をみてもわかることだが、マネジメントを機能させにくい傾向を持っているのではないかと思える。もちろん一般論としての日本人の傾向であり、すべての日本人がそうだというわけではない点はあらかじめ断っておく。

組織論の観点から日本軍の敗因を分析した『失敗の本質―日本軍の組織論的研究』[*13]をご存じだろうか。

ノモンハン事件、ミッドウェー作戦、ガダルカナル作戦、インパール作戦、レイテ海戦、沖縄戦の事例研究から戦略面の失敗要因と、組織的な失敗要因について分析されており、戦後70年以上経った今日の日本の組織においても、当時の日本軍と類似した事象がいまだに存在することに驚かされる。

研究対象となった作戦は、複数の師団あるいは艦隊が参加した大規模な作戦であり、作戦本部と実行部隊の間には時間的・空間的距離があること、兵站《へいたん》業務も分業された近代戦であり、突発的ではなく計画にもとづいて作戦が実行されたという共通点がある。これはまさに、今日の大企業における戦略とその施策の実行という状況と類似していると言えるだろう。

この本では、左記のとおり戦略面と組織面での失敗要因を分析している。

*13 戸部良一・寺本義也・鎌田伸一・杉之尾孝生・村井友秀・野中郁次郎『失敗の本質―日本軍の組織論的研究』中公文庫(1991年)

〔戦略面での失敗要因〕

・あいまいな戦略目的・短期決戦の戦略志向
・主観的で「帰納的」な戦略策定——空気の支配
・狭くて進化のない戦略オプション
・アンバランスな戦闘技術体系

〔組織的な失敗要因〕

・人的ネットワーク偏重の組織構造・属人的な組織の統合
・セクショナリズムにより統合的な戦略を打ち立てられず、あくまで属人性に依存してしまう点
・学習を軽視した組織
・プロセスや動機を重視した評価

つまり、戦略的な観点では、明確で統一的な戦略目的がないことで「察し」を基盤とした意思疎通が行われ、長期的視点を欠いた近視眼的な戦略志向に陥ったとされている。そして全体的な構想がなく、状況により場当たり的な対応を積み上げる思考方法になり、意思決定には場の空気や情緒によるところが大きかったこと。また、精神主義により視野が

狭められ、計画の前提が成り立っておらず、状況変化に対する対応計画がおざなりにされ、操作に熟練を要求するような一点豪華主義的な兵器が追求された結果、わずかな改良も根本的な変更につながり標準化の遅れがみられたと記されている。また組織的な観点では、インフォーマルな人的ネットワークが強力に機能する特異な組織であり、その中で対人関係がもっとも価値があるとされる日本的集団主義があり、強いセクショナリズムにより全体的な連携が組織として機能せず、個人に依存してしまう。その上、重要な失敗を蓄積してもそれを共有するための仕組みがなく、個人の責任が不明確なために評価が情緒的であいまいであるとされている。

先に触れた『組織の〈重さ〉』とも類似事項があり、どれも今日の日本企業が直面している課題に通ずるものではないか。70年経過してもわれわれは、いまだにこういった課題を克服できていない事実を踏まえれば、日本人の傾向としてある程度存在し続ける一つの側面としてとらえるべきではないだろうか。

つまり、われわれ日本人は一般にこうした傾向がある可能性を理解し、それを踏まえつつマネジメントを機能させる工夫をする必要がある。そうでないと、「マネジメントの大切さはわかってはいるけれど、実際にはそんなにうまくいかないでしょう」といって、何も変わらないまま終わってしまうことになる。

本当にマネジメントを機能させたいという思いがあり、うまくいかないことがはじめから想定できているのであれば、変えられなかった原因は何かを考え、実際にうまくやるためにはどうすればよいかという視点で、それに対処すればよいのである。いずれにせよ、先で触れた大東亜戦争での戦略的・組織的課題が、今日の日本企業の課題に通ずる点が多いことを考えると、われわれ日本人はマネジメント自体をうまく機能させづらいという傾向がある点を把握した上で、効果的な仕組みを考えて整え、マネジメントを機能させるべきなのである。

第3章

Management for Global Competitiveness

成果をあげる組織

3.1 そもそもの組織の存在意義、目指すべき姿は何か

3.1.1・組織のあるべき姿は明確になっているか

組織には組織としての存在意義を定義したミッションがあり、組織として当面、こうありたいという姿を定義したビジョンがあるはずだ。

そもそもミッション／ビジョンが定義されていない場合や、あったとしても内外の環境変化によってあいまいで形骸化してしまっている場合は再考すべきであろう。例えば、マイクロソフトはビル・ゲイツが掲げた「A computer on every desktop and in every home（すべての机の上に、すべての家庭に1台のコンピューターを）」という従来のミッションから、マルチデバイスでのクラウドが主流となりPCが中心でなくなってきている時代に合わせ、2015年にサティア・ナデラCEOにより「Empower every person and every organization on the planet to achieve more（世界中のすべての人々とビジネ

スの持つ可能性を最大限に引き出すための支援をすること）」というミッションに再定義している[*14]。ソニーでは強い技術力により製品の多角化を進めた結果、事業間のシナジーや事業ポートフォリオの見直しが問題になった中で、「クリエイティビティとテクノロジーの力で、世界を感動で満たす」とソニーらしさを再定義することで[*15]、組織の方向性を明確に示している。このように状況によって常に組織の存在意義について定義することが非常に重要である。もちろん、状況によっては悠長なことを言っていられないこともある。ハードウェア中心のビジネスモデルから、サービス中心の企業へ変え、１９９０年代に経営危機に陥っていたＩＢＭを立て直したことで知られるルイス・ガースナーは、就任記者会見で「いま現在のＩＢＭにもっとも必要ないもの。それがビジョンだ」と言って話題になった。

これはビジョンが不要ということではなく、ガースナー自身も当初はビジョンが必要と考え策定に取り掛かったが、いまは将来よりも現実を直視し、収益回復のため行動することに注力させるという意図があったのだ[*16]。その後、ガースナー自身がさまざまなメッセージを社内に発信し、組織の方向性を明確に語っている。

経営トップが代わった場合など、最初に考えるのはミッション／ビジョンであろう。なぜならこのミッション／ビジョンを達成するため、いかに効率的に戦うかという点で戦略

*14 Microsoft HP: https://news.microsoft.com/empowerment/
*15 ソニー株式会社　2019年経営方針説明会＜https://www.sony.co.jp/SonyInfo/IR/library/presen/strategy/pdf/2019/presen_J.pdf>
*16 ルイス・V.ガースナーJr.『巨象も踊る』日本経済新聞社（2002年）

があり、その戦略を含めより具体的な計画に落とし込んだものが中期経営計画や事業計画なのだ。それゆえ、その戦略に則り、正しい計画を立ててそれを実施すること、つまりプロジェクトの選定基準の重要な要素は、このミッション／ビジョン／経営戦略・経営計画に沿っているか否かで決めるべきである。

この判断基準があいまいであれば、さまざまなプロジェクトに対応しても、効率的に組織がビジョンに向かっていかないことになる。まずは組織としてどうありたいのか、この点がすべての出発点である。このミッション／ビジョンが、その組織とその組織以外とを区別するフィルター条件であり、このフィルターによってその組織をオーガナイズする人が集まっていると考えれば、組織としてのありたい姿は、お飾り的なものではダメなのである。

3.1.2・社員一人ひとりが目指すべき方向を理解せよ

さて、中期経営計画を考える際に、前年度の売上をベースに前期比何%という、ストーリー性のない数字ありきの計画になっていないだろうか。

もちろん、具体的な数値目標を立てることはとても重要で、その数値を達成するためにありとあらゆることを検討し、アクションプランを練ってやるべきことを明確化することは意味がある。ただ、重要なのは、その数値目標を達成することで組織としてのありたい姿であるビジョンに近づくかどうかという明確な計画が定義できているか、である。売上高前年比１２０％という数値目標を掲げ、その数値のみ独り歩きし１２０％の達成が目的化しているようなことはないだろうか。仮に１２０％の数値目標を立てるなら、なぜ１２０％なのかという点を議論し共有する必要がある。目的はあくまでミッション／ビジョンの達成に向けられている必要があり、売上はあくまで目標であって目的ではない。

また、血の通った計画になっているかという点も重要である。以前、大手電機メーカーのとある事業部において、先に述べたストーリー性がなおざりにされ、数値目標に加え、外部のコンサルティング会社から提案された資料をそのまま流用しただけの中期経営計画をみて驚いたことがあった。自身の組織の方向性を示す、言ってみれば航海を行う上でのコンパスと地図である。こうした重要な計画にもかかわらず、外部から提供された資料をそのまま流用することで、その計画の内容を本気で進めていこうと思えるのかと疑問に思った。

ローランド・ベルガー日本法人会長の遠藤功は著書『現場力を鍛える』で、「戦略の実行性を担保する唯一絶対の方法は『現場から戦略を組み立てる』ことである」と述べている[*17]。

*17 遠藤功『現場力を鍛える』東洋経済新報社（2004年）

一人ひとりが組織における現状の課題を理解し、ビジョンを達成する上で必要なことを考えて計画を形作るべきなのである。ただ、われわれ日本人の傾向として、前述の『失敗の本質』で触れたように、長期的視点を欠いた近視眼的であいまいな内容のまま、大局的にとらえず場当たり的な積み上げになりがちだということがある。

したがって、現状の課題だけでは、どうしても過去のトレンドから視野が狭まりやすいため、より大局的な視座を持つ経営陣との対話が必要となる。また、場の空気によって意思決定がなされないような考慮も併せてするべきだろう。こうしたやりとりを経て、組織の目指すべき方向性は、組織を構成する一人ひとりの方向性として腹落ちされていく。とことん議論をつくし、血の通った計画を練りあげるべきと私は思う。

計画に沿ってプロジェクトを推進し、何かしらの変化を起こす際には、論理だけではなく、推進するメンバーの情熱が必要になる局面が必ずある。その際、本当に思いをもって推進できるかが非常に重要なのである。

3.1.3・限られたソースを有効に活用するために

「宅急便」の生みの親であり、稀代の経営者として知られる小倉昌男・ヤマト運輸元会長は、著書『小倉昌男　経営学』の中で、安全第一、品質第一など〝何でも第一〟は戦術レベルであり、戦略とは〝現状では何が第一で、何が第二か〟とはっきり言うことであると説いている[18]。

戦略はその言葉どおり、〝戦いを略す〟ことであり、いかにして資源を効率的に利用し勝利するかということである。戦うところと、戦わないところを決め、戦うところでも第一目標、第二目標と優先順位を決める必要があるのだ。

資源は有限であることを考えれば、全方位的に戦うことは避けるべきなのである。

また、一度作った中期経営計画をどのようにモニタリングし、見直しを行うかも重要だ。一般的に、中期経営計画は3年というスパンで計画されると思われるが、いまのご時世、3年も経つと外部環境は様変わりしてしまうため、立派な中期経営計画を作って満足し、そのままにしているとすぐに形骸化してしまう。

3年の計画であると、初年度はなかなかその効果が見えにくく、2年目以降でないと計画と実態とのギャップを把握しづらいというのが実態ではないだろうか。そのためにも、中期経営計画を策定する段階において、その計画を成り立たせている前提事項を把握し、KPIを定義しモニタリングして、必要に応じて中期経営計画も軌道修正できるようなプロセスにしておくべきである。

したがって、中期経営計画そのものを検討する前に、その前提事項として、考え方や意

*18 小倉昌男『小倉昌男　経営学』日経BP社（1999年）

思決定の方法について、関係者間で意識を統一をしたほうがよいだろう。こういった点は属人的な心掛けに頼るのではなく、旧日本軍と同じ轍を踏まないためにも、日本人の傾向を理解し、ルールやプロセスを事前に定義しておくことが重要である。

3.2 それは本当にいまやるべきことなのか

3.2.1・プロジェクトの開始判定

これまでにさまざまなプロジェクトに携わってきた中で、私が一つ痛感したことがある。それは、遂行するプロジェクトそのものが正しいプロジェクトである必要があるという点だ。

プロジェクトの成功・失敗うんぬんの前に、組織として実際に限られたリソースを投入する価値のあるプロジェクトかどうかが重要である。とても当たり前のことのように聞こえるだろうが、実際に次のようなプロジェクトに心当たりがある方もいるのではないだろうか。

・プロジェクトのベネフィットがビジネス的観点で明確に定義されず、ソリューション先行になっているような、手段が目的化してしまっているプロジェクト

（例えば、顧客情報の一元化を行うことでCRMを実現しようといった場合でも、CRMの実現のためのビジネス観点の検討がおざなりになり、とにかく情報を一元化すればよいというように、手段が目的化されているようなプロジェクト）

・部分的にベネフィットを創出するかもしれないが、関係する部署全体で全体最適という観点で検討されていないため、ベネフィットを生む部署もあるが、全体でみるとかえって非効率性が生まれてしまうようなプロジェクト

（例えば、商品化プロセスの改革プロジェクトにおいて、関係領域の関係者が巻き込まれておらず、上流の企画・設計主導でプロジェクトが進み、企画・設計ではベネフィットが出るも、後工程で多大な影響が出るようなプロジェクト）

・表面的な課題に対し対症療法的にプロジェクトを発足させ、本質的な課題に対しては対応がおざなりになっているプロジェクト

（例えば、商品の物流リードタイムの改善プロジェクトに対応するも、商品そのものの競争力が失われつつある状況など）

このようなプロジェクトに心当たりがある場合、プロジェクトを選定する上で、正しいプロセスを踏んでいるかどうかを一度確認すべきだろう。中期経営計画自体の策定と同様に、目的に沿った手段になっているかの判断において、あいまいかつ大局的にとらえられていない場当たり的な対応のプロジェクトではないかといった点で内容を確認する必要がある。また、その場の空気によって意思決定がなされないように、決定プロセスと決定における判断基準も定めておく必要がある。そうでないと、われわれ日本人はその傾向として、戦略があいまいであっても戦術部分にこだわりを持ってがんばり続けてしまうのである。

また、ある大企業のCIOがこんなことを言っておられた。

「エグゼクティブになると、これまでにやったことのない革新的なことで実績を出そうとする人がいる。プロジェクトの計画はパワーポイントの中の世界では完璧なロジックになっている。ただし、大企業ともなると組織内部にさまざまな利害関係がある。そのプロジェクトだけなら確かに正しい計画のようにみえるが、全体最適と事業部ごとの個別最適と、両方のバランスを考慮した場合には、違った見解になる。

プロジェクトメンバーは、このエグゼクティブの案を実現しようと必死になって推進するも、全体最適と個別最適との間での調整に奔走し、どんどん疲弊してしまっていた。しばらくするとエグゼクティブの熱も冷め、あまり関与しなくなる。それでもプロジェクトメンバーは必死に突き進む。

時間が経つにつれて外部環境も変化し、〝そもそも〟論を言うメンバーも現れ始める。プロジェクト自体が何やら腰砕けのような状況となり、何とか収束させようと躍起になるが、最終的にスコープを縮小させ、当初に意図したものとは異なる、あまり価値を生まない結果となる」

このような経緯をたどるプロジェクトが、多く存在するというのだ。ここでの問題もやはり、プロジェクトの選択を誤っているように思われるし、しっかりと戦略から落とし込んでプロジェクトを立ち上げるべきなのである。

一度プロジェクトを発足させた後も不確実性が高いのであれば、以降の継続判断をしっかりと行うべきだ。

3.2.2 ・プロジェクトの中間レビュー

プロジェクトによってその呼び名は異なると思うが、多くのケースが企画、要件定義、設計、開発、テストに関するフェーズをたどる（図表29）。その場合、そうした各フェーズの終了前に後続フェーズに進むかどうかを審査するプロジェクトプロセスになっている

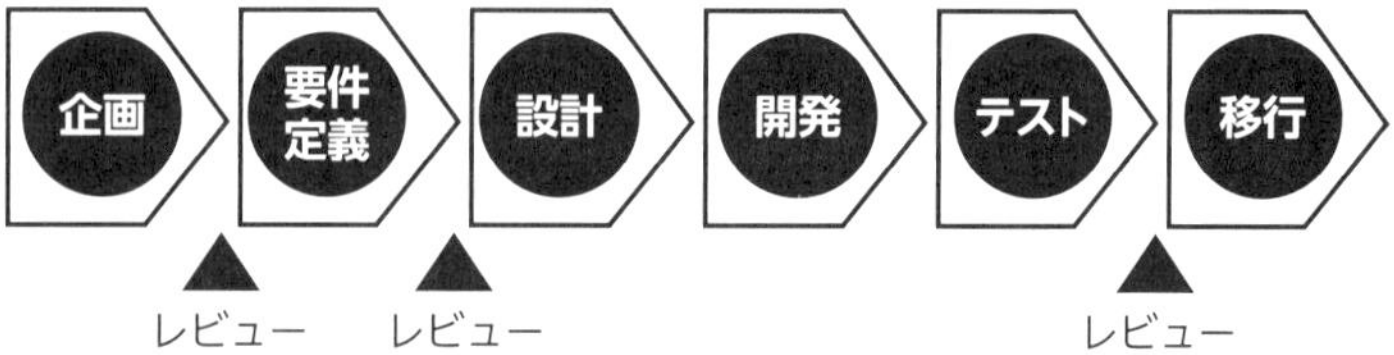

図表29　プロジェクトプロセスのイメージ図　筆者作成

だろうか。

おそらく多くの会社で、このようなプロジェクトのプロセスの標準化が進み、事前に定義した終了条件に沿って承認者が後続フェーズの実施可否を判断すると思われるが、実際にどの程度正しく機能しているだろうか。

現状にかかわらず、後続フェーズに進むことが前提となり、これまでやってきたことの完了報告に終始し、リスクに関しても前回の報告を更新する程度の表面的な報告にとどまる、形骸化した審査になっていないだろうか。

私が実際に携わったプロジェクトでは、メンバーの誰しもプロジェクトの効果に疑問があるものの、この審査を乗り切ることに多大な労力をかけていた。もちろん報告されている内容は決して嘘ではないが、審査後の飲み会の席では、「いっそのこと止めてくれないだろうか」という話が冗談半分に出ることがあった。承認者側も、プロジェクトの開始直後から携わっておらず、詳細内容まで把握できていないといった背景があってか、毎回の判定会ではその場その場であるべき論による表面的な指摘に終始し、納得のいかない様子で後続フェーズの実施を承認していたことがあった。

どうしてこういったことが起こるのだろうか？

プロジェクトの効果に疑問があるのであれば、その点を報告し議論すべきではないだろうか。または、実際に当初とは異なる効果になっているのであれば、一度立ち止まり、再度検証すべきではないだろうか。すべてがプロジェクトを進めることを前提としており、そうした〝場の空気〟により、合理的な判断を難しくしてしまったのではないだろうか。プロジェクトを中止させると責任問題になり、キャリアに影響するからなのか、すでに多くの投資をしてしまっているため、いまさら引けないという感情的なものなのか、とにかく一度始めたことを簡単に止められない傾向が、われわれ日本人にはあるのだろう。

この点については、『失敗の本質』にも、状況の変化への対応や、その点を論理的に議論しない風土、事実を冷静に直視せず情報を軽視するといったことが失敗要因と記載されているではないか。こうした傾向があるため、プロジェクトを中止させるためには進退を賭けねばならず、個人の勇気ある行動に依存し過ぎる状態を作り出してしまっている。

だが、こうしたことは本来なら組織として対応すべきではないだろうか。外部環境の変化が激しい昨今、プロジェクトの途中で当初狙った効果が出ないというケースは以前よりも増えていると思われるため、期間の長いプロジェクトを中心に中止案件も一定数が発生するはずである。

同一人物が何度も何度もプロジェクトを遂行しては中止するということであれば、問題になるが、中止の判断自体に筋が通っていればしっかりとした意思決定力があるとも考えられ、次の機会が与えられるべきであろう。組織として一定の中止プロジェクトの存在も受け入れる前提を作り、個人の勇気に頼らないプロセスとして中止判断が合理的になされるべきであり、今後に活かすため中止した際の振り返りを徹底することが肝要と考える。

3.2.3・プロジェクトの振り返り

プロジェクトマネジメントの重要な項目に、プロジェクトの振り返りというものがある。しかし、実際にこのプロジェクトの振り返りはどの程度実施されているだろうか。

プロジェクト実施判断はそれなりに行うものの、プロジェクトの終了後に、今後の教訓としてよかった点や改善点を議論し、また狙ったとおりの効果が出ているか、オーナー部署が責任を持って算出して報告することはあまり実施されていないのが実情ではないだろうか。

プロジェクトのコストに対する責任は追及されるものの、ベネフィットに対する責任はまったくないケースが実に多いだろう。とにかくプロジェクトを終わらせればという思いが強く、この振り返りがなおざりになっている組織はかなりあると想定される。

プロジェクトを期日内で終了させることも重要であるが、本来の目的は発足の当初に狙った成果を出すことである。成果というプロジェクトの目的を考えれば、目的が達成されたのかどうかを検証せずにプロジェクトを終わらせてはいけない。

以前、とある大手メーカーから、〝過去に一度、同様のプロジェクトで失敗しているので、今回は失敗が許されない。そのため、今回のプロジェクトが問題ないかどうかみてもらいたい〟という依頼を、プロジェクトがある程度進んでから受けたことがあった。過去のプロジェクトの失敗要因を分析したのかと聞くと、リソースの問題によって振り返りは実施していないとの回答であった。今回のプロジェクトの成功要因を特定するためにも、過去のプロジェクトの振り返りは不可欠であろう。

イトーヨーカ堂を設立した伊藤雅俊は著書『商いの心くばり』で「失敗のあと始末とは別に、失敗しないための前始末というものも大事なのではないかと思います。失敗を極度に恐れる必要はありませんが、失敗せずにことが運ぶにこしたことはないからです」[*19]と事前の準備と段取りを徹底することの重要性を説いている。レビューはすでに行ったことに対してなされる。事後ではなく一度起こったことを再び引き起こさないことが重要であ

*19 伊藤雅俊『商いの心くばり』講談社(1987年)

る。事前準備と段取りを徹底するためにも、同じ困難に遭遇しないよう過去の事例をしっかりと分析し、それを共有することが肝要であろう。

失敗を教訓として活かしその教訓を共有するための仕組みの欠如は、先に触れた『失敗の本質』で日本軍の敗因として分析されていることからもわかるだろう。以上のことから残念ながらわれわれには、過去の成功や失敗を直視し、そこから学ぶことをあまりしないという傾向があると言わざるをえないだろう。

プロジェクトで苦労したことも、過ぎ去ってしまえば「あのときは大変だったよなぁ」と、プロジェクトメンバー同士の飲み会で笑い話となる。後輩社員には武勇伝のように語られ、「まぁ、お前も経験してみろよ」と同じような苦労を経験させたりしていないだろうか。そして実際にプロジェクトを始めると、いつか見た景色のように同じことが繰り返されるのである。もしそうであれば、実にもったいない話である。

個人としてこれまで経験したことのない困難を乗り越えることで得られる人間的な成長や仲間との友情などは、純粋に素晴らしい。ただ、プロジェクトマネジメントという観点で考えれば、その困難によってプロジェクトが失敗するリスクがあり、かつ過去の誰かが経験している困難であれば、組織としてその困難をマネジメントすべきであるし、その後の類似プロジェクトでは、同じ困難が発生しないように事前に手を打っておくべきである。

困難を乗り越えることによる個人としての人間的成長は、新しい試みの中で、組織として未経験の困難の中でつちかわれるべきである。そして、プロジェクトマネジメントという観点では、何よりビジネス的なメリットを創出するというプロジェクト本来の目的に沿って行動する必要がある。この点も個人の努力ではなく、組織としてルールとプロセスを構築しておく必要がある。

教訓を分析する際にも注意が必要である。われわれ日本人の場合、この点がどうしても、〝責任感〟や〝覚悟〟や〝やる気〟などの精神論に落とし込まれてしまいがちではないか。

アメリカのＩＴＴ社の社長兼ＣＥＯとして58四半期連続増益を遂げたハロルド・ジェニーンもその著書『プロフェッショナルマネジャー』で、〝マネジメントには目的と情緒的な自己投入による献身が必要であり、何かを成し遂げる原動力は、論理ではなく、深いところに内在する情緒である〟と説いている[*20]。プロジェクトには想定外のことが必ず起こる。そのようなケースではプロジェクトメンバーが一丸となって乗り切るために〝何としてもやり遂げる〟という情熱が必要なのは間違いない。ただ、注意しなくてはならないのは、こうした情緒的な献身性のもとで実施した〝具体的な何か〟についてもしっかりと分析しておく必要がある点である。

*20 ハロルド・ジェニーン『プロフェッショナルマネジャー』プレジデント社(2004年)

かつて、非常にうまくいったプロジェクトのプロジェクトマネジャーが、その成功要因として「退路を断って覚悟を決めて臨んだため」というコメントをされていた。こうした心意気は純粋に素晴らしいが、どうしてもこうしたコメントは強い印象を残してしまうため、ほかの成功要因が見えにくくなってしまうのである。つまり、情緒的な部分が重要ではあるものの、それだけで終わってしまうと、仮にプロジェクトがうまくいかない場合には、「お前は情熱が足りないからダメなんだ」といった話になりかねないため、成功要因・失敗要因をさまざまな観点から詳細に分析し、それを次のプロジェクトに活かすために共有する仕組みが必要なのである。

3.2.4 ・プロジェクトの実行力

ここまでは組織として実際に何を実施すればよいかという点に触れたが、実際にやることを決定しただけでは何も生まれない。実際にその決定したことを実行に移すことが、当然ながら求められる。あるコンサルタントはこんなことを言っていた。

「クライアントの経営陣に対しKPIによる経営効率化施策をプレゼンした際に〝あなたの言っていることは100%正しいが、それをいまのうちの会社で実行する力がないんだよ〟と言われ、いくら正しいことを言っても、実行されないことには意味がない」

そう残念がるようにそのときのことを振り返っていたのが印象的であった。計画を策定したり、意思決定したりするだけで満足してしまうようなことがあれば、その決定事項は〝絵に描いた餅〟で終わってしまう可能性があるのだ。

日産自動車の元CEO、カルロス・ゴーンは、1990年代に経営危機に瀕していた日産自動車を、リバイバルプランによってV字回復に導いたことで有名である。彼の対外的な言動からカリスマ的なイメージも強いが、『カルロス・ゴーンの経営論』[*21]において、彼がルノーから日産自動車にやってきた当時、実はすでに変革に必要な解決策が日産内に存在し、変革を起こせる人物も揃っていたと記されている。カルロス・ゴーン元CEO自身が解決策を用意したわけではなく、触媒役に徹して、何が問題であり、それをどのように対処すべきかを社員から直接聞きとり、社員のモチベーションを維持し、変革が起こるように仕向けたとされている。つまり、実行部分についてしっかりとマネジメントを機能させる必要があったということだ。

一橋大学の沼上幹教授らによる『組織の〈重さ〉』において、機動性を失った組織では現場が機能し難くなっている状況について先に触れたが、ローランド・ベルガー日本法人会長の遠藤功も、著書『現場力を鍛える』で、戦略を実現する当事者である現場力こそが最大の競争力の源泉であると、現場の実行力の重要性について説明している。

*21 公益財団法人日産財団『カルロス・ゴーンの経営論 グローバル・リーダーシップ講座』日本経済新聞出版社（2017年）

つまり、現場レベルではやるべきことはわかってはいるが、それができないということであり、現場においてやるべきことをやれるように実行力を向上させることが重要ということになる。この点、『組織の〈重さ〉』では、トップの強力なリーダーシップや、経営陣と現場間での情報伝達を増やし、ルールや標準化により機械的な組織の比重を高めることで組織の重さを克服できると説明している。

小倉昌男・ヤマト運輸元会長は著書『小倉昌男　経営学』において、全社員が高いモチベーションで、自主的に行動し、成果をあげるには、目的を明確化し、達成すべき成果を目標として明示し、時間的制約や競合他社の状況を共有し、戦略として方針を打ち立て、戦術としての具体的なやり方を考えさせるとも説いている。

つまり、経営陣は経営陣で組織の方向性を具体的に示しリーダーシップを発揮する一方、現場は現場で活動の目的と目標を主体的にとらえ、さらに活動の意義を外部環境と関連づけ、合理性をもって関係者で共有することで内向きな思考を抑制し、全体としてルールや標準化を進めることが有効となる。

企業とは何かの目的のために組織されるものである。そして、目的を達成したときのビジョンを描き、効率的にそこに到達するための戦略を練る。何かを意思決定した段階では、まだ何も生まれていない状態である。この戦略を実際に現場の人が実行して初めて成果となる。

　人も予算も、とにかくリソースは有限である。そうした中でいかにして成果をあげ目的を達成するべきか、それこそがまさに企業におけるマネジメントであり、そのマネジメントがうまく機能する組織こそが、成果をあげる組織と言えるだろう。

第4章

Management for Global Competitiveness

グローバルでのプロジェクト遂行について

4.1 プロジェクトマネジメントについて

4.1.1 ・そもそもグローバルとは何か

プロジェクトの選択と、プロジェクトを進めるためのプロセスについて前述したが、この章ではプロジェクトを遂行する上で実際にどのようにマネジメントしていくかという点について触れたい。特に、日本企業が国際社会における競争力をつけることを想定し、海外のステークホルダー（利害関係者）とのコミュニケーションが発生するようなプロジェクト（以降、グローバルプロジェクトと称す）について考えたい。

ただし、グローバルプロジェクトの話に入る前に、そもそも〝グローバル〟という言葉の定義について理解をすり合わせておく必要がある。というのも日本人同士の会話の中で使われる〝グローバル〟という言葉が、実は本来のグローバルではないことも多いからだ。

グローバル（Global）はGlobe（地球）という単語の派生語であり、本来「地球的規模」という意味である。したがって「グローバル化」「グローバルな○○」と言った場合には、地球的規模、世界的規模での広がりや変化を指すことが本来である。

しかし、われわれ日本人がグローバルと言った場合には、日本とそれ以外を区別するようなニュアンスで使われることがよくある。例えば〝日本から中国へ海外進出する〟、または〝日本とアメリカとの間でプロジェクトを推進する〟といったケースである。

そういった場合、たとえ地球的規模の話でなくても、グローバルという言葉を用いることがある。これは、〝海外〟〝外国人〟という言葉があるように、日本人が日本とそれ以外の国との区別を前提にとらえていることに由来するからであろう。

また、〝グローバル〟という言葉は日本ではよく耳にするが、ほかの国ではどうも違うようである。

大手ソフトウェア会社のアメリカ法人のプレジデントは、「日本人はグローバル、グローバルと言うが、アメリカではグローバルという言葉はほとんど耳にしない」と言っておられた。アメリカ＝グローバルスタンダードという観点から、グローバルという言葉は日本ほど意識されていないとの見解であった。

一方、国内市場に制約があり、海外市場への展開を前提としているような国では、そもそもグローバルでの活動が前提としてあるため、こちらではこちらであまり使われないと聞く。もちろん、すでに世界各国に拠点を持った企業の全社的な取り組みとして

「GlobalXXX」という言葉が本来の「地球的な規模」という意味で使われることもある。

日本人が日本とそれ以外の国を意識するのは、やはり他国と地続きでなく独自の文明を持っているからであろう。アメリカの政治学者サミュエル・ハンチントンの著書『文明の衝突』[*22]では、政治的な国家ではなく、冷戦後の世界を8つの文明によって分類し、文明圏と文明圏の間で対立構造が発生する点に触れている。

図表30を見てわかるように、世界の8つの文明のうち1つは〝日本文明〟と記載され、日本一国だけで構成され、中華文明から派生して西暦100〜400年時期に現れた文明と定義されている。もちろん、日本と日本以外という分類ではないが、日本人が考えるように、世界からみても日本が独自の文明を持っていると考えられている。

大手電機メーカー勤務で海外赴任経験が豊富な方とグローバルという観点でお話しした際に、その方は「日本だけが特別」という感覚を持っておられた。日本人を除く外国人同士で仕事を進める場合と、日本人を含めて仕事を進める場合とでは、まったく様相が違うというのである。

グローバルという言葉が使われる以前は〝国際〟、〝インターナショナル〟という言葉がよく使われたと思われる。〝インターナショナル〟のインターは「〜の間」という接頭辞であり、ナショナルは「国家の」という形容詞である。自国と複数国間についてのことを

*22 サミュエル・ハンチントン『文明の衝突』集英社(1998年)

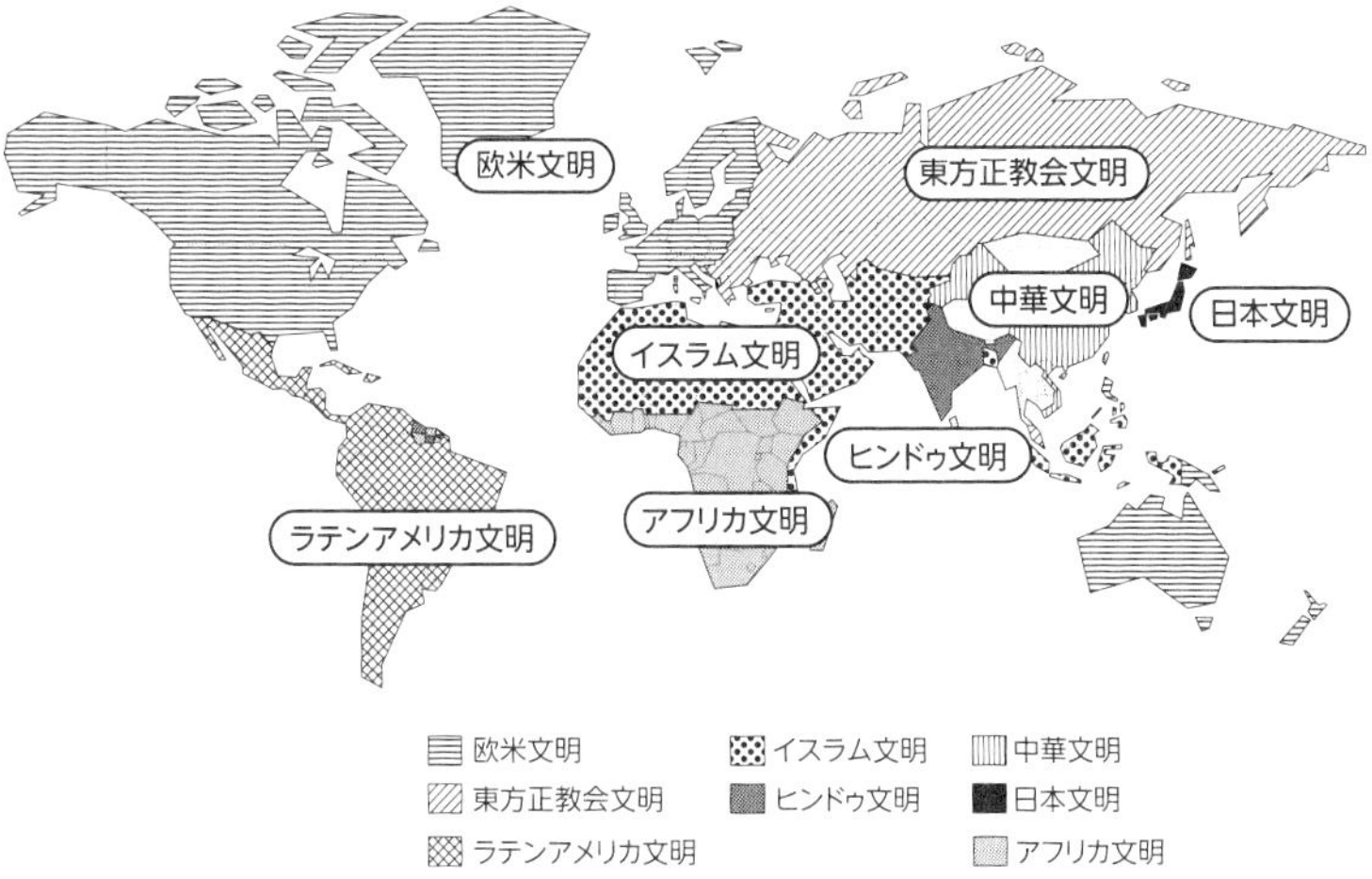

図表30　主要文明が有する文明圏の分布を示す世界地図
出典：サミュエル・ハンチントン『文明の衝突』(集英社)より筆者作成

表す言葉である。したがって、われわれが使うグローバルという言葉は、どちらかと言うと、本来インターナショナルと表現したほうが正確である場合が多いとも感じる。

本書の執筆にあたり、グローバルという1つのテーマを考えた場合、実はその言葉本来の意味で説明すると、地球的規模での話題となり、日本そのものにフォーカスが当たりにくいということに気づいた。したがって、本書では、日本企業が国際競争力を向上させるという点にフォーカスを当て、グローバルの本来の意味である「地球的規模」で考えることを念頭に置きつつも、日本と日本以外の国との関わりも包含したものとして「グローバル」という表現を使う。

4.1.2 ・ローカルプロジェクトとグローバルプロジェクト

プロジェクトマネジメントという観点において、日本国内でのローカルプロジェクトと、グローバルプロジェクトとの大きな違いは何かという問いがある。

そもそもプロジェクトマネジメントという概念の発祥は、冷戦期のアメリカ国防省とされ、また世界中で受け入れられているPMBOK®ガイド*23（プロジェクトマネジメント知識体系ガイド）はアメリカの非営利団体のPMI®*23（Project Management Institute）が発行している。そして、このPMIが認定しているプロジェクトマネジメントの国際資格であるPMP®*23の保有者が、2018年時点で日本に3・6万人もおり、その数は増加傾向にある。

したがって、このアメリカ発祥のプロジェクトマネジメントの重要性が日本国内でも認知されている現状から、グローバルプロジェクトでも、ローカルプロジェクトでも、プロジェクトマネジメントの概念としては共通したものが広く認知されていると言えるであろう。

私自身、プロジェクトマネジメントという概念においては、ローカルプロジェクトとグローバルプロジェクトの間にそれほど大きな違いを感じたことはない。もちろんプロジェ

*23 PMBOK、PMI、PMPはPMIの登録商標

クトを通して海外メンバーと協業を行う際に、現地側のプロジェクトマネジメントの成熟度、つまりプロジェクトマネジメントに対する理解度と、それをどれだけ実践できているかという点で違いを感じることはある。だが、それはローカルプロジェクトであっても、組織、人によってプロジェクトマネジメントの成熟度が異なることはよくあるし、グローバルプロジェクトとローカルプロジェクトの違いではないと感じている。

それでは、ローカルプロジェクトとグローバルプロジェクトとの間における違いは何か。プロジェクトマネジメントの概念というよりは、やはりプロジェクトを構成するメンバーの言葉や文化、ロケーションの違いによる多様性であり、そういった多様性の中において、いかにして効率的に意思の疎通を行うかというコミュニケーションの難しさに集約される。

もちろん、コミュニケーション自体は目的ではなく、専門家を集めプロジェクトを組織し成果をあげるために必要な何かを伝える手段である。

P・F・ドラッカーは著書『マネジメント』において、「自らのアウトプットが他の者のインプットにならないかぎり、成果はあがらない」と書いている[*24]。これはもちろん、セクショナリズムが進んだ日本の大企業でのプロジェクトでも同様であるが、部署ごとではなく、日本と海外という関係性においても同様に、お互いのアウトプットがお互いのイ

*24 P.F.ドラッカー『マネジメント【エッセンシャル版】』ダイヤモンド社(2001年)

ンプットにならない限りはプロジェクトの成果につながらず、それを解くのがコミュニケーションなのであり、コミュニケーションとひとことで言ってもグローバルプロジェクトでは、より階層的にとらえる必要がある。

この点についての詳細は後述するが、グローバルプロジェクトでは当然ながら日本だけでなく日本国外にステークホルダーがおり、言葉も違えば、文化も違うため、プロジェクトの複雑性が高いのである。Jean Binderの著書『Global Project Management』によれば、グローバルプロジェクトの複雑性を測る指標として、場所（Locations）、組織（Organization）、文化（Cultures）、言語（Languages）、時差（Time zones）を定義しており、この指標よりグローバルの複雑性が測れるとしている[*25]。

場所（Locations）に関しては、1部屋のプロジェクトルームでプロジェクトを推進できれば、直接的なコミュニケーションがしやすいが、グローバルプロジェクトは通常2拠点以上ある。したがって、直接コミュニケーションには制約があり、コミュニケーションの方法について考慮が必要になるのである。

組織（Organization）に関しては、プロジェクトメンバーが1つの企業の1つの部署での構成ではなく、複数部署または複数の企業ということであれば、方針や取り決め、企業文化が複数存在し、それらに適応する必要がある。

*25 Jean Binder『Global Project Management』Routledge（2007年）

文化（Cultures）は、企業文化だけでなく、国・民族に由来する文化であり、コンフリクトや誤解が生じやすいという点は想像にかたくないと思われる。

言語（Languages）は、グローバルプロジェクトを推進するにあたって、その企業の共通言語で会話されることが通常であり、共通言語の非ネイティブにとっては、表現や単語に制約が生まれるとともに、ネイティブにとっても、非ネイティブ側が理解できる簡潔な表現を使う必要があり、同様に表現や単語を制限する必要がある。

時差（Time zones）についても同様で、プロジェクトメンバー間で稼働時間にズレが生じていれば業務時間内に会議設定を行うことも難しくなるため、コミュニケーションを行う上でルールが必要となる。つまり、いずれの指標も結局のところコミュニケーションを取りづらくさせる要素であることに帰着する。

グローバルプロジェクトでは、ローカルプロジェクトとの違いであるコミュニケーションをいかに円滑に推進するかという点が成功要因であると言え、従来のプロジェクトマネジメントに加え、コミュニケーションに重点を置いた多様性のマネジメントが必要になる。

4.1.3 ・プロジェクトマネジメントの勘所

グローバルプロジェクトの説明の前に、共通の概念となるプロジェクトマネジメントについて少しだけ触れておきたい。

プロジェクトマネジメント自体の説明については、体系的に整理されている書籍も多く詳細な説明は割愛するが、1つだけ注意しなくてはいけないことがある。それはプロジェクトマネジメントはプロジェクトをマネジメント、つまりプロジェクトを通して成果を創出するための手段であり、プロジェクトマネジメント自体が目的ではないということだ。

一般的なプロジェクトの特性として、固有の目的を達成するために組織され、定常業務とは異なり終了の期間が定められているとされる。通常、プロジェクトを実施するメンバーもプロジェクトによって異なるため、プロジェクトマネジメントの基本概念はさまざまなプロジェクトにも適応できるが、その具体的な手法においては、プロジェクトごとにカスタマイズする必要がある。例えば、プロジェクトマネジメントに関する理解が低いメンバーで構成されたプロジェクトや、比較的小規模で短納期といったプロジェクトにおけるプロジェクトマネジメントのやり方と、数百人から数千人が携わる大規模で期間が長いプロジェクトの場合、もしくは人命に関わるような要素を取り扱うプロジェクトとでは、プロジェクトマネジメントの粒度（細かさ）が異なる。

実際にどのようにその粒度を決定すればよいかという点と、そのプロジェクトマネジメント手法をどのようにしてプロジェクトに導入し運用を図るかという点についてはプロジェクトの状況によって判断する必要がある。このプロジェクトマネジメントのカスタマイズの必要性について触れている書籍はあるが、そのやり方を説明した書籍はおそらくないだろう。前述したようにプロジェクトの内容はさまざまであり、またプロジェクトメンバーもプロジェクトによって大きく異なる。プロジェクトは人為的な活動であるため、他人にいかにプロジェクトマネジメントの必要性を理解してもらい、それを実際に機能させるかが難しいのである。プロジェクトマネジメントの概念そのものが難しいのではなく、人を介し、プロジェクトマネジメントを機能させることが難しいのである。

プロジェクトマネジメント手法の標準化が進んでいる企業も多いかと思うが、すべてのプロジェクトを標準どおりにそのまま進められるわけではないだろう。

どういったプロジェクトマネジメントを行うのかという疑問については、やはりプロジェクトマネジメントがあくまでプロジェクトで成果をあげるための手段である点に立ち戻るしかない。つまりは、そのプロジェクトの目的を成し遂げるために必要なプロジェクトマネジメントとは何か、というように目的から逆算してデザインする必要がある。

過去に携わった大手金融機関の大規模なプロジェクトでは、その規模や複雑性から精緻なプロジェクトマネジメントが必要だと考え、詳細なプロセスを定義した資料を準備し、関係者に丁寧に説明し、理解を求め運用したことがあった。一方で、とあるインターネットサービス会社では、少人数でスピード重視のプロジェクトが多く、スピードを損ねないように精緻なプロジェクトマネジメントは実施せず、大まかなマイルストーンの管理に徹するように心がけた。

〝プロジェクトマネジメントありき〟でプロジェクトを推進すると、プロジェクトの生産性が損なわれ、プロジェクトの目的まで効率的に達成できない結果になりかねない点に注意が必要なのである。

体系的な知識を習得することが無意味であるということでは決してない。まずは理論的なプロジェクトマネジメントを学ぶことで、自身の経験を補えるだろうし、また経験から得られた自身の具象的な経験を、一度抽象度を上げた知識体系と紐づけて整理することは有意義だと思われる。そしてグローバルプロジェクトでは、日本と海外メンバーとで同様のプロジェクトマネジメントの知識体系を理解できていれば、それが共通言語となるため、プロジェクトマネジメントを実施する上でも話が早いのである。

例えばリスクマネジメントを実施しようとする場合でも、〝リスクマネジメント〟というキーワードだけで、何をインプットして、どのような活動を行い、何をアウトプットするのかというイメージを合わせやすい。ただ、繰り返しになるが、プロジェクトマネジメントの知識体系を理解すれば、すべてのプロジェクトをうまくマネジメントできるわけではなく、人により運用することが容易ではないという点に注意が必要なのである。

4.1.4・プロジェクト憲章の重要性

プロジェクトに参画すると、スケジュールどおりにタスクが進捗しているかを確認し必要に応じて是正処置を行う進捗管理、計画されているスケジュールや品質レベル、予算に関する阻害要因を明確化し、対応漏れがないように管理し、解決に向けた活動を推進する課題管理、どういったリスクがあるかを洗い出し、そのリスク発生時に対する軽減または回避施策を考え、リスクの発生をモニタリングするリスクマネジメントなど、プロジェクトを効率的に目的達成まで導く手法を考える必要がある。

ただ、何よりもまず実施すべきは、そのプロジェクトを実施することで得たいビジネス的な価値が何か、しっかりとビジネス観点で明文化しておくことである。プロジェクトマネジメントの観点ではプロジェクト憲章（チャーター）と呼ばれるものである（図表31）。このプロジェクト憲章にプロジェクトの目的、つまりプロジェクトの完了条件を定義するのである。

この文章を読んで、何を当たり前なことをと思われた方も多いかと思う。ただ、前述したように実際に〝手段が目的化してしまっているプロジェクト〟をいく度も目の当たりにしてきた。

とある日本を代表するような一部上場企業では、役員からの鶴の一声で、情報の一元管理を目的にデータベースの統合というプロジェクトが発足していた。プロジェクトメンバーは必死にデータベースの統合という目的に向かって突き進み、その過程においてデータベースの統合によって得られるビジネスベネフィットを定義してみせていた。ところが、そのビジネスベネフィットを達成するためのソリューションはと考えたとき、実はデータベースの統合でなくともなしうることがわかったものの、一度決めたプロジェクトは簡単にはやめられずデータベース統合という目的に向かって立ち止まることができないままでいた。しかもある側面からすると、それはベネフィットとして成り立つかもしれないが、一部にはかえって非効率性を発生させてしまい、全体最適という観点で考えた場合に思ったような効果を得られないことがあった。

また、とある製造業の企業では、商品の需要と供給を最適化するためのシステム構築を行い、確かに機能としては優れているものの、実際にそのシステムを運用するユーザーには理解が難しく、オペレーションの難易度が高いことや、そこまでの too much なシステムがなくともビジネスは機能するため満足に利用されなかったりした。

このようなプロジェクトの失敗を経験した方は、少なくないだろう。

プロジェクト憲章

- 背景
- 目的
- 完了条件
- 前提・制約条件
- ビジネスへの影響
- 想定されるリスク
- プロジェクトを実施しなかった場合の影響
- ターゲットスケジュールとその根拠
- ステークホルダーの一覧

図表31　プロジェクト憲章　筆者作成

『失敗の本質』では、戦略のあいまいさ、場の空気による意思決定、大局的な判断ができず、状況変化が発生した際に議論を行わない風土といった失敗要因に加え、情報の受容に独自の解釈が生まれ、戦略ではなく訓練による戦術向上に重きを置いてしまうことなども取り上げられている。日本人一般の傾向として、一度決まったことに対し、忍耐強く対応できる点があるものの、言い換えれば一度決まったことは何としてもやり遂げるという意識が強く働き、たとえ間違っていると気づいても、それをやりとおすことに意味があると考えてしまいがちではないか。

したがって、まずはプロジェクトにプロジェクト憲章が存在しているかどうかを確認し、なければ後からでも作成すべきであろう。形式にこだわる必要はまったくない。プロジェクト憲章という名前でなくとも、プロジェクトの意義が明文化されていればよい。組織にミッション／ビジョンが存在するように、有期的な組織であるプロジェクトにもその存在意義を定義するものが必要である。この点は決してあいまいにしてはいけない。このプロジェクト憲章に記載されている内容が、プロジェクト運営におけるさまざまな局面において判断基準となるからである。

前述したとおり、プロジェクトを遂行する上で、その前提としてプロジェクトが正しいものである必要がある。組織のビジョンを達成するために必要なプロジェクトであるか、その点を明確にしてしっかりとビジネス的な価値を創出することを常に念頭に置く必要がある。

第5章

多様性のマネジメント

Management for Global Competitiveness

5.1 基本姿勢

5.1.1 ・相手を気づかう

〝多様性〟とは英語でDiversity（ダイバーシティ）と言うが、近年、企業のDiversity（多様性）& Inclusion（包摂）の取り組みが注目されている。日本ではこのDiversity & Inclusionや、ダイバーシティマネジメントが、働く女性の話題にフォーカスされがちだが、本来のダイバーシティマネジメントは性別だけでなく、身体的な特徴、人種、国籍や、宗教、文化、価値観といった幅広い要素を対象とした考え方であり、本書では特に文化的な多様性にフォーカスして考えたい。

海外のメンバーとコミュニケーションを行う際に、英語で正しく話そうとすることに注力するあまり、相手への配慮が欠けてしまっていることはないだろうか。または、配慮が必要だとわかっていながら英語を話すことに対する抵抗感から、その点に関するコミュニケーションを省いていないだろうか。

以前、お仕事をご一緒した方は非常に優秀ではあったが、海外メンバーとのあるTV会議で、冒頭から何かを読み上げるかのように一方的に説明したいことのみを話されていた。確かに英語を間違いのない文法で正しくしゃべっていたが、インタラクティブなやりとりはまったくなく、一方的に話して最後に「Any questions?（何か質問は？）」と一言添えたものの、相手に伝わっていない様子は傍から見ても明らかだった。

ご本人は「一体、彼らはわかっているのかな？」と少し海外メンバーに対して不満気であった。その後、彼から海外メンバーにメールをする段になって、「彼らの名前なんだっけ？ 会議のはじめに聞いたけど全然聞き取れなかった」と言っていた。言語として文法的に正しく情報は発信しているものの、受け手側がその情報を正しく受け止めるためには、受け手側への配慮が欠かせない。

そして、相手に自分を受け入れてもらうためには、まずは相手のことを理解する必要があり、いきなり本題に入らず「こちらはずいぶん寒くなってきたけど、そちらは大丈夫ですか？」「遅い時間にもかかわらず申し訳ない」など、会議の冒頭でちょっとした相手への配慮を行ったほうがよいであろう。

また相手の名前が聞き取れなかった場合など、しっかり確認するのがマナーである。「申し訳ないが、あまり馴染みのない名前なので聞き取れなかったよ、どういうスペル？」

と言えば嬉しそうに教えてくれるだろう。自分自身が海外のメンバーに自己紹介した際に、相手が海外の人には馴染みのない日本名を覚えようと一生懸命に発音しようとしてくれると、自分を受け入れてくれていると好意的に感じるはずである。自分に関心を持ってくれる相手に対して、基本的に人は好意的に受け止めるものだ。

こうした日本人同士でなら普通に行っている相手への配慮は、当然ながら海外のメンバーに対しても行うべきであろう。そして相手を気づかい、その後これから何を説明するのかを述べ、相手に期待することを明確にした上で、相手の理解を確認しながら話を進めることが重要だと考える。

一方的に話し、最後の最後で"Any questions?"と唐突に尋ねても、相手はピンとこないこともあるため、合間で「ここまでのところで不明点はないだろうか？」「そちらは、こういった観点では問題ないだろうか？」など、具体的な質問を交えながら相手の理解を導くことが効果的である。相手のことに配慮し、そして伝えたいことを明確にし、相手の理解度を細かく確認していれば、完璧な文法でしゃべらずともむしろ相手にしっかりと伝わると私は思う。

また、あまり英語が得意でない方のケースでよくあるのが、海外メンバーに対して英語で説明したのち、何かしら質問を受けた場合に、会議に同席している英語の得意な日本人に「いま、何て言った?」と確認することである。相手としっかりコミュニケーションをとるならば、「聞き取れなかったのでもう一度言ってほしい」と直接相手に言えればよいのである。それでもどうしてもわからない場合に「少し日本側で認識を確認させてほしい」と言って会議に出席している日本人に日本語で確認すればよいのである。しっかりと自分の意思を相手と疎通させることが大切であろう。

また、わかったふりをすることもよくない。その後のコミュニケーションでわかったか、そうでなかったかは、相手も感じる部分であり、わかったふりは、意思疎通を行えない人と思われてしまう。かつてある海外の方と話をしていた際に、相手の言っていることがはっきりとわからないので、おそらくこうしたことを話しているのだろうと推測し、「OK、OK」と思わず返答していたら、後に私のコメントから私がちゃんと理解していないことに相手が気づき、なんとも言いようのないバツの悪さを感じたのを覚えている。おそらく、同じような経験をされた方は多いはずだ。

その他、日本人はYES／NOがはっきりしないと言われ、英語でははっきりと伝えるべきと思われがちであるが、英語であってもYES／NOを伝える際のニュアンスは広く存在する。相手が何かを伝えようとしているにもかかわらず、その内容が意に沿わないからといって、相手の話に被せるように、"No! I don't……"と一方的な伝え方になることはないだろうか。

意思表示をすることはとても重要だが、話し手側の話したいことだけを伝えても、コミュニケーションの前提となる関係は築けない。完璧な文法で話さなくとも、相手への気づかいがあるかないかは、相手側も感じるものである。

日本人同士でも用件のみを一方的に話していては、伝わるものも伝わらないし、前提事項や経緯などを説明し、相手の理解を確認しながら進めるのが基本であろう。また、会議後に相手に何かしらの行動を期待しているのであれば、相手への配慮は必須である。こうした情緒的な部分への配慮が欠かせないとわかっていながら、論理的な部分にばかりフォーカスしてしまう傾向がある点を、まずは認識する必要がある。

社会人類学者の中根千枝も著書『適応の条件』において、国を問わず高く評価されるのは礼節をわきまえた人々であると述べている。相手を気づかう姿勢は、日本のみならず、万国共通のコミュニケーションにおける大前提である。

5.1.2・違いを受け入れる

物事が思いどおりに進まなかったり、相手に話した内容が自分自身の意図したとおりに理解されていなかったりすると、誰しもやきもきしてしまうだろう。グローバルプロジェクトでは、「向こうの連中は、全然わかってないんだよな」と思わずぼやきたくなるようなシーンがいく度もあり、忍耐力が試されるようにも感じる。

この点は、日本人だけでなくほかの国の方も同じであろう。

アメリカの某旅客機メーカーのアメリカ人のプログラムマネジャーとお話しした際に、とにかくグローバルプロジェクトで大事なことは〝我慢〟であると仰っていた。まずは、相手は自分とは異なる価値観を持っているという前提に立つ必要がある。そして、相手も相手で異なる価値観の人とのコミュニケーションに違和感や不快感を持っていると想定し、冷静にしっかりと相手の主張に耳を傾け、なぜ相手がそう感じたのかを客観的にとらえる必要がある。〝自分と同じ考えのはず〟、〝話せばわかる〟という前提だから悩んでしまうのである。

以前、海外のどんなメンバーとも関係構築がうまく、コミュニケーションがとても上手な方とお仕事をしたことがあった。会議の冒頭から日本側と相手国側との間で決定的な見解の相違があることがわかった際、その場の誰しもが「この先が思いやられる」と思っただろうが、その方だけは笑顔で"Good start!"と仰った。

会議は一方的に何かを説明する場ではなく、双方の理解を一致させ、次のアクションへつなげるための手段である。そうした観点から、双方の違いが明確になったことがまずは重要な第一歩なのである。"Good start!"にはそんな意味が込められており、その後の会議では、感情的な対立もなく建設的に話が進んだのである。

海外のメンバーとのコミュニケーションでは必ずと言っていいほど、「そう、来たかっ」と感じるような、想定しない角度からの主張を受ける。

以前携わったあるプロジェクトでは、それまで私が携わってきたプロジェクトではどこでも当たり前のように対応してきたテスト工程の管理プロセスと手法を導入しようと、海外メンバーに説明したことがあった。そのプロセスと手法は日本では当たり前のように利用されるものであるため、特に意識もせず当然のことのように説明すると、海外メンバーからは「このプロジェクトにどうしてそういった管理が必要なのか」、「むしろ別の方法のほうがよいのではないだろうか」という意見が寄せられた。思いもよらない展開で少し戸惑ったが、冷静に考えれば彼らの主張も一理あると考え、プロセスと管理手法を当該プロジェクト向けに調整したことがあった。

これはごく一例であるが、多様な価値観をベースに、より多くの選択肢の中からよいものを選択できるというのが、グローバルプロジェクトの利点でもあると考えている。前述の中根千枝も著書『適応の条件』において、自分たちが正しく、相手が間違っているという前提で、知らずに自分たちの考えを押しつけていることの問題点を指摘している。したがって、相手は自分と違った価値観を持っており、「違って当然」という前提に立ち、仮に双方の主張に違いがあった場合でも、自分の見解を正として即座に反応するのではなく、一度相手の見解を受け止め、なぜそのような主張に至ったのかよく確認すべきだろう。もしかするとそれは、プロジェクトをよりよい方向へと導くチャンスかもしれない。

5.1.3・自分をオープンにする

日本人同士で仕事をする場合、最初に意識することは何かと質問すると、〝信頼関係の構築〟と答える方が多いのではないだろうか。しかし、海外メンバーと一緒に仕事をする際に、同様に〝信頼関係の構築〟を意識することはあるだろうか。

個人的な関係を含めるのか、あくまで仕事としての関係ととらえるかという文化的な違いがあるとしても、仕事を進めていく上で信頼関係を築くことはグローバルプロジェクトでも必要なことである。日本を含むアジア諸国での関係構築といえば、懇親会を通じて酒を酌み交わすことが手段として選ばれると思うが、アメリカでは飲み会などで仕事上の関係性を作ることは一般に少なく、関係は仕事を通して築かれる。ただし、飲み会を通じたにせよ、仕事を通じたにせよ、関係構築に必要なことは、相手を知り、そして相手に自分を知ってもらうという意味では同じと考えられるのではないだろうか。

相手をよく知るという点については前述したとおりであるが、相手に自分を知ってもらうこともまた重要だと考えている。相手がどういった人物かわからないのであれば、当然相手も自分のことをわかっていない。相手に自分のことをわかってもらうためには、自分の考えを伝える必要がある。

以前、英語があまり得意でない同僚に対して、「"How are you?" といま相手から聞かれたら、何と答える？」と聞いたことがあった。彼は「そんなの簡単ですよ。もちろん "I'm fine thank you, and you?" ですよね」と言っていた。

本当に元気であればそのように答えてもよいだろうが、この質問の少し前に、彼から忙し過ぎて少し疲れているという話を聞いたところであった。"I'm fine thank you, and you?" と学校で習ったとおりの回答をすれば会話としては成立するが、正しいコミュニケーションとは言えない。コミュニケーションは何かを伝える手段であるから、自分を理解してもらうためにも、伝えるべきは、〝正しい英語〟ではなく、いまのあなたの状態であるはずだ。関係構築にはこうしたところも気をつけるべきであろう。

海外メンバーとの会議において、日本側から事前に準備していた説明資料を読み上げ、その内容について海外メンバーから質問がくると、「いったん内部で検討します」と持ち帰ることがある。相手側に間違った解釈をされるのを避けるため、利害関係が必ずしも一致しないケースなど、慎重に物事を進める必要があるような場合にそういった対応を行うと思われる。

そういった場合であれば、まずは自分の立場をはっきり説明し、なぜ持ち帰って検討しなくてはいけないかという事情を伝えるべきであろう。そうでないと、相手は誰と会話して、話を進めているのか戸惑うはずである。

また、直接的に会話できるような機会があれば、会議に限らず、スモールトークと言われる雑談の中でも自身が感じた文化的な違いや、家族のことなど、自分をオープンにし、それに関する質問を相手に投げかけると会話も弾み、よい関係性を築ける。相手によっては、この手の話を嫌がることもあるため、積極的に自分の話をして、相手の反応をみるのが安全だ。

日本企業において、もっとも気軽に、そして豊富な情報が手に入る相手は誰だろうかと質問をすると、新卒で入社した会社であれば〝同期〟と答えるだろうし、そうでなければ、何かしら一緒に仕事をした経験があり、その中で苦楽をともにし「あのときは大変だったよな」という話ができる、いわば〝同じ釜の飯を食った〟同僚であろう。共通体験によってお互いを理解し築き上げた関係であるから、会議の実施や、形式的なメールを送らずとも、電話もしくはその相手がいるデスクまで出向いて「ちょっといい？」の一言ですぐに用件が聞ける。

とある日本企業での日本とアメリカが主体となった基幹系システム刷新プロジェクトでは、プロジェクト期間が数年にもおよぶ大規模なもので、とにかく認識に齟齬が発生しないように気を配る必要があった。そういった事情もあり、アメリカから日本に出張者が来た際には休日を使って彼らのために首都圏内の観光名所へアテンドし関係構築を図っていた。インフォーマルなコミュニケーションを行える関係を築けるように、共通の体験を通し相手と自分との間に壁を作らず、オープンに接することが大事であると考えている。

5.1.4・違いを楽しむ

楽しむという表現を使うと、「仕事を楽しむなんて不謹慎だ」、「楽しむ余裕があるならもっと真剣に取り組め」と思われる方もいるかもしれない。しかし、モチベーションを高め、それを維持することはとても重要なことであり、チームで仕事を行うことが前提となるプロジェクトでは、周囲へ与える影響も変わってくる。そして何より、違いを〝楽しむ〟という姿勢がないと次第に疲れ、どうしてもそれを避ける行動をとってしまうのである。〝楽しむ〟という言葉は、〝楽《らく》をする〟、〝いい加減な仕事をする〟というイメージを連想しやすいが、ここでいう〝楽しむ〟は、好奇心を持ち主体的に取り組むさまであり、楽しいことだけをするということではなく、当然ながら苦しいこともある。そういった点を含めて、好奇心を持って主体的に取り組むことが〝楽しむ〟ことだと考えている。

海外の方々と直接一緒に仕事をすると感じることだが、日本人同士で仕事をするときよりも少しテンションが上がることはないだろうか。もちろん相手のお国柄であったり、どういった性格の人かにもよるが、海外の人と直接的なやりとりを行うと、普段笑わない人が笑ったり、声のトーンが少し高くなっていたりということはよくあると思われる。日本人と比べて比較的ポジティブな印象を受け、こちらも何やら前向きな気分にさせられるのである。

中根千枝も著書『適応の条件』において、相手として楽しく好感が持てることが、異文化の人々に受容されるもっとも重要な条件と述べている。仮に、こちらが何かに忙殺されて余裕がない状態で接していると、やはり相手も近寄りづらいように感じるのではないだろうか。もちろん相手とともに仕事をする期間が長ければ、仕事を通じて関係が築かれ、そういったキャラクターとして相手も受け入れてくれるだろうが、有期的なプロジェクトではなかなか難しいように感じる。

忙しくて楽しむ余裕なんてないと思うかもしれないが、仕事自体が楽しいかどうかは別にして、その仕事を楽しんで取り組むかどうかはコントローラブルな世界である。私はプロジェクトが忙しくなると決まって、「皆さん盛り上がってきましたね。ここからが勝負どころですね」とポジティブな声掛けをするようにしている。こうすることで、場の雰囲気がネガティブに傾くのを防ぎ、困難を乗り越えようというポジティブな方向へ向けることができるのである。ぜひ試してほしい。

とにかく違いを受け入れる上で、その違いを楽しむくらいのスタンスで臨んだほうがよいだろう。そうでないと、いつしか違いに疲れ、慣れ親しんだ日本人同士を中心とした世界に戻りたいという気持ちを起こさせてしまい、海外メンバーとのコミュニケーションを丁寧に実施しなければならないところが面倒になり、コミュニケーションの頻度が下がるようなことにもなりかねない。

プロジェクトの関係で海外に出張に行ったり、または海外から出張者が来たりということはグローバルプロジェクトではよくあることだ。だが、そういった際も、海外メンバーとの英語でのコミュニケーションが面倒で、特に必要に迫られなければコミュニケーションをとらなくなってしまう。

以前対応したプロジェクトでのこと。日本人的な感覚であればどう論理的に考えてもこの方法が正しいと思われるのだが、海外メンバーとの会議で、彼らには彼らなりの論理があり、なかなか意見がかみ合わないことがしばしばあった。こうした場合でもやはりお互いの意見の違いを客観的に整理し、議論を尽くして落としどころを探さざるをえないため、相当に大変な仕事であった。

ただ、ここでコミュニケーションをとるのを面倒くさがり、議論せずに一方的な対応に終始してしまっていたら、おそらくそれ以降の協力関係は難しかったであろう。そうならないためにも、大変な仕事ではあるが、それを〝楽しむ〟ことで主体性と継続性が生まれやすくなると考えている。

帝京大学ラグビー部を大学選手権10連覇に導いた岩出雅之監督は、著書『常勝集団のプリンシプル』[*26]において、体育会系イノベーションと称して練習、試合などさまざまな場面で〝楽しむ〟ことを説いている。この〝楽しむ〟ことにより内発的に動機づけされモチベーションが高まり、自ら主体的に学ぶ姿勢につながっているのだという。もちろん、ラグビーとビジネスとでは違いがあるが、組織的な活動としては共通点があると考えている。

アメリカの作家ダニエル・ピンクも、著書『モチベーション3・0』で、生きるために必要な生理的動機づけはモチベーション1・0、報酬などによって生まれる外的動機づけはモチベーション2・0、そしてモチベーション2・0は短期的思考を助長しやすいという欠点から、これからの世界では自主性にもとづき、成長したい、目的を達成したいという内発的動機づけであるモチベーション3・0が重要であると説いている[*27]。

*26 岩出雅之『常勝集団のプリンシプル』日経BP社（2018年）
*27 ダニエル・ピンク『モチベーション3.0』講談社（2015年）

グローバルプロジェクトは、ローカルプロジェクトとは異なり、コミュニケーションに関連する問題で合意形成に足をとられ、進むものもなかなか進まないというもどかしさを常に抱くであろう。そういった状況に対処するためにも、その違いを楽しむくらいの姿勢がないと難しいのである。

5.2 コミュニケーションマネジメント

5.2.1 ・コミュニケーションの基本は「相手に伝わるか」

グローバルプロジェクトにおいても、日本国内のプロジェクトでも、プロジェクトマネジメントという基本概念は同じではあるが、グローバルプロジェクトではコミュニケーションの重点を多様性に置いたケアが必要であり、その点での基本姿勢に触れた。

グローバルプロジェクトでよくある誤解の1つに、〝英語さえできれば、グローバルプロジェクトがうまくいく〟というものがある。TOEICのスコアが高い人や、少しでも留学経験がある人は、「お前なら、英語ができるから何とかなるだろう」と海外との対応を任せられた経験がある方も多いのではないだろうか。これは大きな誤解なのである。

ローカルプロジェクトで考えてみればわかるが、日本語を母国語とする日本人のみのプロジェクトを、日本語ができるからという理由だけでうまく導くことができるだろうか。同じ日本語を話しているにもかかわらず、当たり前のように認識違いが発生するものである。

また、日本語ができれば参加するすべての会議の内容が理解できるかというとそうではない。当然ながら、会議で議論される内容の背景や内容そのものに理解がなければ、たとえ日本語で会話がされていても、なかなかついていくのは難しいであろう。

もちろん英語が理解できないと海外の方とのビジネス上のコミュニケーションは難しいため、英語は海外のメンバーとのコミュニケーションにおける必要条件としてとらえることができるが、英語ができるからといって海外メンバーとのコミュニケーションがとれると保証する十分条件ではない。

マネジメントの大家P・F・ドラッカーは著書『マネジメント』において「コミュニケーションを成立させるものは、コミュニケーションの受け手である」と説いている。また「無人の山中で木が倒れたとき、音はするか」という公案を引用し、コミュニケーションにおいては「相手に伝えるか」ではなく、「相手に伝わるか」といった相手目線で物事をとらえる必要性を説いている。ちなみに先の公案は、木が倒れたことで空気の振動は発生しているが、誰かがその振動を認知しない限りは音にならないため、「音はしない」が正解となる。

コミュニケーションを成立させるためには、その構成を理解し、正しく対応する必要があると考えている。そのためにもまず、伝える側ではなく、伝えられる〝相手〟に着目し、コミュニケーションというものがどのように成立するのかを要素分解してみよう。

ここではコミュニケーションがどのように要素分解されるかを、携帯電話で会話する際の状況を例として考えてみたい（図表32）。ちなみに、私は携帯電話の通信分野に関しては門外漢であるため、一般的なユーザー視点で考える。

まずは、物理的に通信インフラが整っており、契約済みの携帯電話機を所有していることが前提となる。当たり前の話である。その上でどうするだろうか。

相手にコールするためには相手の電話番号が必要だ。連絡先に登録してあれば、一覧から話したい相手を選んで通話ボタンを押すし、もしくは相手の番号を入力してかけるだろう。この際に自分の携帯番号を相手が知っていれば、こちらからコールしても電話に出てくれるかもしれないが、相手が自分の番号を知らなければ通話に出てくれないこともある

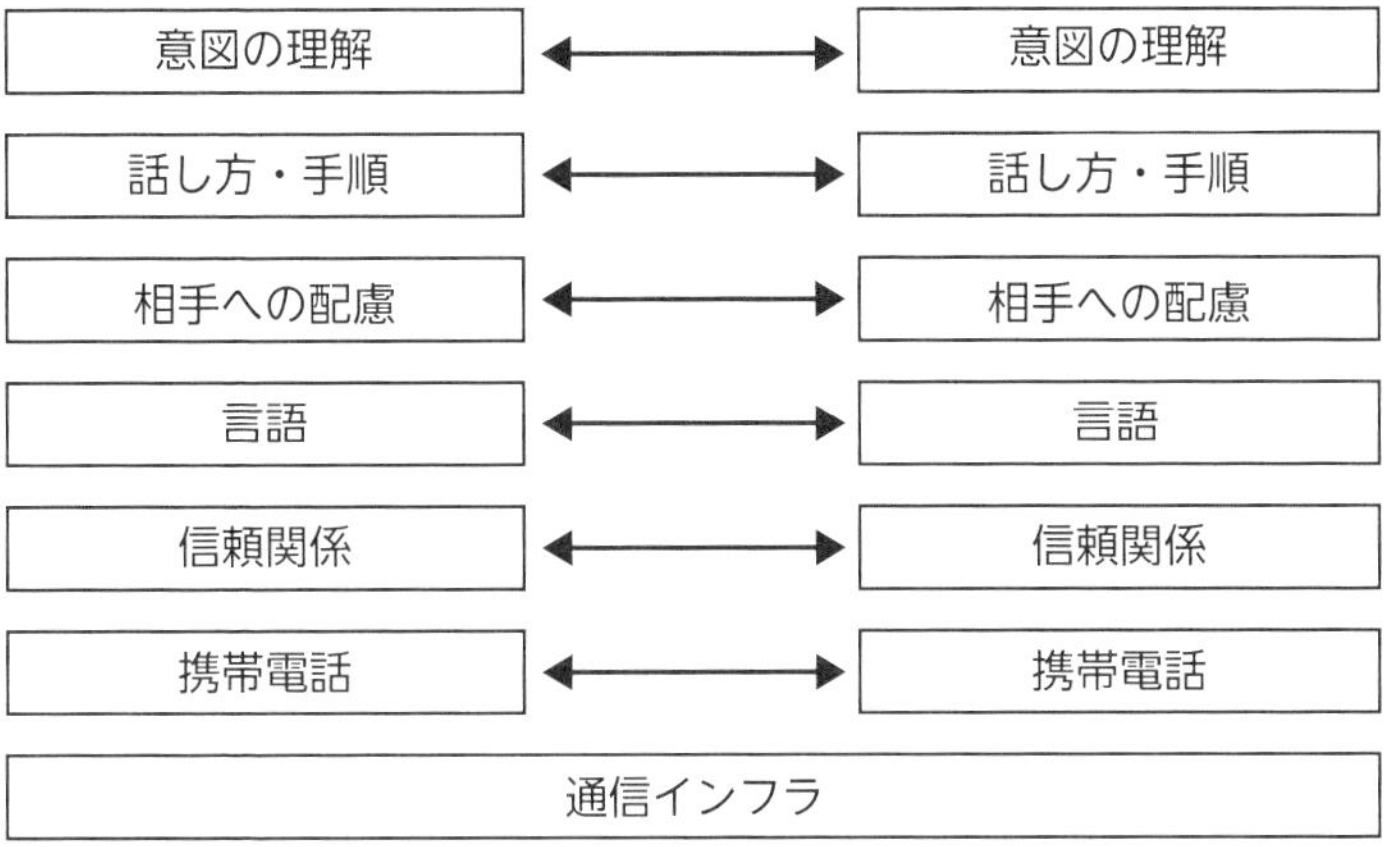

図表32　携帯電話によるコミュニケーション　筆者作成

だろう。たとえ電話に出てもらっても、まずは自分が何者かを説明し怪しいものでないことを相手に理解してもらわないことには、一方通行の説明はできてもインタラクティブな会話へは進めない。スムーズな通話を実現するには、相手に自分を知っていてもらわなければならない。

また、電話をかけるタイミングも重要である。深夜帯や就学・就業時間など、相手の状況を想像しつつ、そして「もしもし」で始まり、「いま、時間大丈夫？」と相手へ配慮しつつ、「～の件なんだけど……」と会話が進む。このときもお互い同時にしゃべらないように、相手の話を聞き、タイミングをみてこちらから話をし、仮に同時にしゃべってしまった場合には「あ、ごめん。どうぞ」と応対することになる。そしてその会話内容をしっかりと理解してもらうためには、話し手の意図を言葉として交わされる情報の中から理解する必要がある。最後に「それじゃ、また」と言って電話を切る。

このように携帯電話によるコミュニケーションは、いくつかの階層に分解できる。これをグローバルプロジェクトにおけるコミュニケーションに置き換えて考えてみるとどうだろうか。いくつかの類似事項があると考えられる。

5.2.2・通信インフラ

グローバルプロジェクトではメンバーのロケーションの違いから、当然ながら通信インフラや携帯電話などの物理的な部分が、コミュニケーションの手段という点でまず大きな問題となる。

直接的なコミュニケーションが難しい場合、通常はTV会議や電話会議などのファシリティーやチャットなどのためのソフトウェアが必要となる。当たり前であるが、このレイヤーで問題があるとコミュニケーションの品質に大きく影響してしまうため、実はとても重要なのである。海外と電話会議を行おうにも、なかなか相手とつながらなかったり、音声の品質が悪くてまったくコミュニケーションにならなかったという経験をお持ちの方は多いのではないか。

過去に私が携わっていたグローバルプロジェクトでも、海外メンバーとの会議の最初の5〜10分はこの手の問題が常に発生していた。

A：「Can you hear me?（こちらの声、聞こえますか？）」

B：「Hello, Hello, I see your speaking, but I can't hear you. Is it muted?（話しているのは見えますが、そちらの声は聞こえないですね。ミュートになっていますか？）」

A：「All right, let me try connecting again.（いったんつなぎ直します）」

いつものことで慣れているせいか、あまり気にもとめていない様子であったが、この手の非生産的なやりとりを全社員分積み上げると、相当の時間を無駄にしてしまっていることになるであろう。

英語を母国語としない同士の場合など、お互い80％くらいの英語コミュニケーション能力だったと仮定すると、自身の伝えたい内容を英語にする段階で１００％が80％に、相手側の英語理解力も80％程度なので、もともと伝えたかった内容の64％しか相手に理解されないことになる。もちろん、口頭でのコミュニケーションだけに頼るのではなく、事前に資料を共有するといったビジュアルエイド（visual aid）によって理解度を上げるように努め、ある程度のコミュニケーションの質を担保するが、通信機器の品質によってコミュニケーションの理解度が低下すると考えれば、いかに重要な要素かおわかりになるだろう。

やはり、この手の通信機器にはしっかりと投資を行い、コミュニケーションの品質レベルを担保する必要があると考える。もし難しいようであれば、会議の始まる前にしっかりと接続確認などを行い、会議時間を無駄にしないような工夫が必要である。

5.2.3・言語・用語

意思の疎通を行うには共通言語が必要であり、ビジネス世界であればそれは一般的には英語ということになるであろう。ただ、英語はグローバルプロジェクトにおける必要な要件の1つであって、英語ができれば必ずグローバルプロジェクトがうまくいくというものではない点はすでに触れた。

共通言語である英語も意思を伝達する手段であるため、必ずしもネイティブレベルの英語が必要というわけではなく、逆にネイティブレベルの会話では伝わりづらい場合もある。

ネイティブ間でよく使われる句動詞やスラングなどは、ネイティブ同士であれば通じるが、非ネイティブには理解が難しい場合もあるため、極力シンプルな表現で話す必要がある。英語のネイティブ同士でしかコミュニケーションをとったことがない場合や、海外経験が長く英語に自信がある方などは、ついついネイティブと話す感覚で話してしまいがちであるが、非ネイティブと話す場合であれば、相手に正しく理解される英語で話すことが大切である。

とある日本企業のプロジェクトでは、英語が得意な人が少なく、アジア諸国側とのコミュニケーションで悩みを抱えていた。アジア各国のメンバーは皆、それなりに英語でのコミュニケーションが可能なメンバーであり、英語という部分では日本側にだけ問題があった。

そこで、英語さえ何とかなればとの思いから、大学までずっとアメリカで暮らしていた就業経験の少ない日本人の新卒社員にプロジェクトに参加してもらった。もちろん、その彼の英語はネイティブそのものである。ただ、彼は非ネイティブとのコミュニケーション経験がほとんどなく、大学時代の友人と会話するかのごとく話してしまったため、発話のスピードや、使われる単語などの点でアジア側のメンバーがなかなか理解できず、結局は英語の苦手な元のメンバーで、その都度説明し直さないといけない事態になったという。

もちろん、彼自身が伝える内容自体を十分に理解していないという問題もあっただろう。だが、それ以前に英語の問題が大きかったという。共通言語で話すという意味は、ネイティブな英語で話すのではなく、相手に伝わる英語で話すことが大切であると考える。

また、同じ言語を用いても、使用する用語を理解していないケースなどは誤解が生じてしまう。Aという意味の言葉を、Bの意味で解釈される可能性があるということだ。さまざまなクライアントに携わるとよくわかるが、企業には、それぞれ独自の用語がある。

日本国内においても、企業ごとに独自の用語や言い回しが存在するため、ほかの企業と共同で活動された経験がある方は、戸惑ったことがあるのではないだろうか。また、同一企業や同一グループであっても、日本国内と海外現地法人との間で用語の使われ方が異なることはよくある。特にM&Aなどの場合はもともと別の企業であったのだから、その点は顕著である。

用語の中で特にやっかいなのが、2文字や3文字の英語の略称であろう。ある製造業の会社では、海外拠点で使われた「販売会社」を指す英語の略称が、日本本社では「製品」を意味しており、海外拠点との会議において非常に混乱した経験がある。したがって、グローバルプロジェクトを進める上では重要な用語については共通認識を形成しておく必要がある。

さまざまな対処法があると思うが、プロジェクトの概要資料と合わせて、用語の対応表などをつくっておくとよいだろう。一度確認すればわかるので、そこまでしなくともよいと思うかもしれないが、プロジェクトを遂行していく中で、メンバーの入れ替わりがあることも想定しておく必要がある。とにかく違いを明確にしておくことが重要だ。

5.2.4・労働習慣・労働制約の理解

〝日本の常識は世界の非常識〟という言葉を聞いたことがあるが、海外のメンバーと仕事をすると実際に、当たり前と思っていたことが当たり前でないことによく出合う。

いくつかのケースについてみていきたい。すべて私がグローバルプロジェクトで経験した際の実話である。このような問題は、英語うんぬんではなく、文化的な背景による労働習慣や現地の労働法などの制約によるものである。

5.2.4.1・事例紹介

●仕事とプライベート

ヨーロッパの人はプライベートの時間をとても大切にしており、年のはじめに個人として年間の休暇計画を立てる人が多い。日本では、〝今度の休みにどこかへ行こう〟と家族に言われても、忙しいからそのときになってみないとわからないと回答する方が多いのではないだろうか。なかなか計画的に休暇はとれないのが実情だろう。

このような相違があるため、仕事のためにプライベートの時間を削る日本人とは感覚がずれるのである。また、ヨーロッパでは、夏に数週間のまとまった休みを取り、年末もクリスマス前から休みになる。日本人からすると、ヨーロッパなどとても休みが長い印象を持つかもしれない。ただ、海外からみると、日本は年末年始、ゴールデンウィークなどの祝祭日にオフィスがクローズになることが多いため、意外にも休日が多く、休んでばっかりという印象を持たれることもある。

いずれにせよ、お互いの文化を尊重する上で、海外メンバーと仕事を行う場合は、あらかじめ関係各国の休日カレンダーを共有し、スケジュールを立てる上でも考慮する必要があるだろう。

また、就業時間も日本と同じような感覚ではない点に注意が必要である。18時になればオフィスにあまり人がおらず、金曜日の午後はほとんど仕事をしないという労働習慣の国だってある。さらに、現地には厳しい労働法があり、かなりの時間的な制約の中で仕事をせざるをえないため、自身の役割と責任範囲のみにしか実質的に対応できないという状況もありうるのだ。

●メールコミュニケーション

メールでのコミュニケーションでも、とても特徴が出やすい。日本人同士のメールのやりとりであれば、少々長くなっても、もらったメールの内容についてはしっかりと返信するだろうが、海外の人に英語で詳細なメールを送ると、サラリと一文だけの返信が来たりする。

ヨーロッパの海外拠点を含めたプロジェクトで、時差の関係からなかなか直接的なコミュニケーションがとれず、ついつい日本から相手側へあれやこれやと依頼事項を複数したためてメールを送ったことがあった。だが案の定、回答してもらえたのは、1つ目の依頼にだけであった。1つのメールに複数の要件を盛り込むと、最初の要件には回答してくれるものの、その他の要件には触れられないことも多々ある。

また、相手にもよるが、送ったメールに返信が来ないということはよくあった。日本人であれば、もらったメールには基本的に返信すると思うが、海外では必ずしも返信が来るわけではなかったりする。

●報連相

日本人であれば社会人1年目に「報連相（報告・連絡・相談）」を叩き込まれるため、言われなくとも報連相を行うのが当たり前という感覚があるだろう。だが、国によっては指示した内容について、いつ、どういった内容で報告するのかを決めておかなければ対応してもらえないこともある。

ヨーロッパの拠点を含めたシステム開発を伴う業務改革プロジェクトにおいて、テスト期間中はお互いに連携して実施するタスクが多く、ヨーロッパ側のタスクが終わってから日本側でもタスクを行うことがあった。そのため、ヨーロッパ側が終了した時点で完了の連絡をしてくれと、事前にテスト計画を策定する際に合意していたものの、連絡が来ておらず、連絡がとれる段階になってこちらからどうなっているか連絡すると、「あとで連絡するつもりだった」と回答されたことがあった。

こういった事例を挙げるときりがないのだが、日本人的感覚の当たり前を前提として接してはいけない。逆に、とにかく日本人のやることは細かい上に無駄が多く、生産的ではないため、必ずしもすべてに対応する必要はないと思われている可能性だってある。

●役割分担

プロジェクトではどうしても、ポテンヒットと呼ばれるような複数の関係者にまたがる課題が発生する。想定外のタスクが発生したとき、メンバー全員が「これは自分の仕事ではない」と考えて、チームの中で放置される問題である。それを回避するには、明確な役割が定義されていなくとも、ある程度臨機応変に対応することが必要となる。日本でもこの点は問題になることがあるが、プロジェクトマネジメントが機能していれば、課題解決はお互いに連携しようという風潮があると思われる。

ただ、アメリカでは、役割分担が明確に決まっているため、日本からみると〝メンバー同士で、うまく連携してやってほしい〟と思っていることにもなかなか対応してくれなかったりする。とあるアメリカの拠点とのプロジェクトにおいて、アメリカ側に起因すると思われる課題が発生したため、関連する部署に連絡するも、「私のところには関係ない」という回答だけが来た。日本側からはアメリカ側の状況があまりよくわかっていないため、アメリカ側でもう少し気を利かせてうまく連携し課題に対する解決の道を探ってほしいと思うのだが、なかなか現場のメンバー同士で気を利かせてくれというわけにはいかないのである。

こういった場合、現場のメンバーではなく、役割定義を行った彼らの上司にいったん話を通す必要がある。こういった役割分担の考え方にも違いが生じる。

●何でもできると答える

TV会議や電話会議で要件を伝え、「Do you understand? Can you do that?（理解しましたか？　できますか？）」、「Yes, yes, no problem.（はい、大丈夫です）」という言葉のやり取りはしたものの、期待値からは程遠いものができたという経験がある方も多いのではないか。

あるプロジェクトでインドでのオフショア開発を実施した際に、日本からシステムの仕様について連絡し、インドの開発メンバーからは「大丈夫」という回答をもらったものの、実際にはまったく対応されていないことがあった。その点について確認するも、一向にできていないことを認めずに対応に困ったことがあった。どんなに対応が難しい場合でも、基本的に「できる」と回答する文化の国だってあるのだ。

5.2.4.2 ・ハイコンテクストとローコンテクスト

ハイコンテクスト文化とローコンテクスト文化という言葉を聞いたことがある方も多いだろう。

文化人類学者のエドワード・T・ホールが著書『文化を超えて』[*28]で世界のコミュニケーションについて整理したのが始まりで、言葉ですべての情報を伝えるローコンテクスト文化と、言葉以外の状況から意図を察することで情報を伝えるハイコンテクスト文化に各国のコミュニケーションを分類したのである。

図表33からもわかるように、日本がもっともハイコンテクストと位置づけられており、ほかのすべての国は日本よりも相対的にローコンテクストとされている。したがって、わ

*28 エドワード・T.ホール『文化を超えて』TBSブリタニカ(1979年)

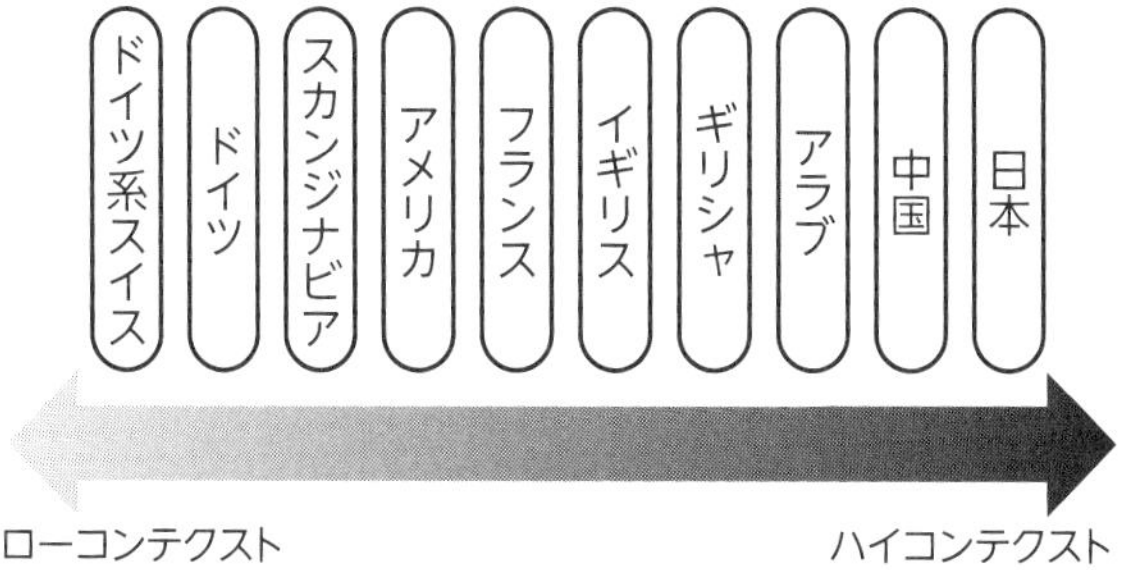

図表33　ローコンテクスト・ハイコンテクスト
出典：エドワード・T.ホール『文化を超えて』より筆者作成

れわれ日本人は海外のメンバーとコミュニケーションをとる際には、日本人と話すのと同じ内容を英語で話しただけでは伝わらないことに注意が必要である。

例えば、日本人が同じ日本人から何かを依頼されたときや、何かに誘われたときなど、「ちょっと難しいです」と言えば、それは断ることを示唆しているが、アメリカ人に対して同じように英語で「難しいです」と伝えても、〝難しい〟ということは伝わるが、できるのかできないのか、OKなのかNGなのかまでは伝わらない可能性がある。われわれ日本人の傾向についても気をつける必要があるが、ここでは同じハイコンテクスト文化である韓国の事例で考えてみたい。

韓国はハイコンテクスト文化であり、かつ儒教の影響が強い国柄のため、年長者を敬う文化であることは有名である。韓国の方々との会食では、はじめに乾杯をする際、目上の方よりも少し低い位置でグラスを合わせるのは日本も同じだが、その後横向きで口を隠して飲む姿をみると、年長者への意識が日本よりも非常に高いことに気づかされる。

韓国のフラッグ・キャリアである大韓航空は、航空会社の評価サイト「エアライン・レーティングス（AirlineRatings.com）」による2018年の航空会社ランキングで8位と高い評価を受けているが、90年代の墜落事故を記憶している方も多いかもしれない。

マルコム・グラッドウェルは著書『天才！ 成功する人々の法則』において、事故の原因の1つに副操縦士と航空機関士が目上の機長に対して、機体の危険を直接的な言い方で伝えず、危険を示唆する表現にとどめていたため、機長が正しい対応ができなかったと述べている[*29]。

その後、大韓航空はこの自国の文化に根差したコミュニケーションの課題を、公用語を英語にすることで克服している。日本人も目上の方に対して直接的な言い方を控える傾向があり、かつハイコンテクスト文化のため、すべてを言葉で説明せず、示唆することで相手に汲みとってもらうのがコミュニケーションの前提となっている面もあるだろう。

プロジェクトを進める上でリスク・課題をオープンに共有できるよう、上手くいっていることの報告より、リスクや課題にフォーカスした報告を中心とすること、またそういった報告がしやすい雰囲気を意図的に作ることが重要である。

*29 マルコム・グラッドウェル『天才！ 成功する人々の法則』講談社（2009年）

リスクや課題を報告する側の懸念の1つは、報告することで解決にならないどころか、叱責を受け、より詳細な報告をし続けなくてはならなくなり、その報告のために管理工数の負担が大きくなることであろう。リスクや課題の報告を受ける側としても、この点を考慮した対応が必要であろう。

● カルチャー・マップ

プロジェクトを推進する上では、このハイコンテクスト、ローコンテクストの分類だけでなく、ほかの観点からも注意しておいたほうがよいだろう。カルチャー・マップ[*30]をご存じだろうか。フランスのビジネススクールINSEADのエリン・メイヤー客員教授が約30カ国にわたる数千人の経営幹部にインタビューを行い、以下の8つの指標でそれぞれの国の文化的特性を分類したものである。

① **コミュニケーション**…ローコンテクストvsハイコンテクスト
② **評価**…直接的なネガティブ・フィードバックvs間接的なネガティブ・フィードバック
③ **説得**…原理優先vs応用優先
④ **リード**…平等主義vs階層主義

*30 エリン・メイヤー『異文化理解力 相手と自分の真意がわかる ビジネスパーソン必須の教養』(英治出版)

⑤**決断**…合意志向vsトップダウン式
⑥**信頼**…タスクベースvs関係ベース
⑦**見解の相違**…対立型vs対立回避型
⑧**スケジューリング**…直接的な時間vs柔軟な時間

コミュニケーションも手段であり、それを行うための目的が存在する。カルチャーマップでは、コミュニケーション方法に加え、否定的なフィードバックの伝え方、権力者に対する姿勢、意思決定の方法、信頼関係の構築方法、意見対立に対するスタンス、スケジュールに対する考え方、そして相手を説得する方法を加えた8つの指標で説明している。コミュニケーションをとる上で、その目的によって気をつけるべき点がいくつもあることが、カルチャーマップの研究から明確になっている。

このカルチャー・マップで重要なことは、相対的に自分もしくは自分の国と比べてどうかという点である。例えば中国も日本と同様に世界のほかの国に比べればハイコンテクストに位置づけられるが、中国は日本よりはローコンテクストに位置している。だが、中国人も同じハイコンテクスト文化だから大丈夫だろうというわけにはいかず、コミュニケーションにおいては、ローコンテクスト文化が色濃いドイツ人と話すほどではないにしろ、日本人同士での場合より明確に言語化して話す必要があるということだ。
続いて、いくつかのポイントについて確認したい。

●評価にあたってのネガティブフィードバック

アメリカについては、ローコンテクスト文化であるため、伝えたい内容は相手に汲み取ってもらうことは期待せず、言葉での説明が必要となる一方で、実は否定的なフィードバックの伝え方や、意見対立に対するスタンスという点では、ドイツやフランスほど直接的ではなく、どちらかというと中間値に近い。

以前、とても成長意欲の高いアメリカ人のメンバーと一緒に日本で仕事をした際、日本での仕事のやり方に一日も早く慣れるためにも何でもストレートに言ってほしいとお願いされたことがあった。少し躊躇したが、その方の熱意もあって、であればと細かい点も含めて気になった点を率直にフィードバックしたら、とても憤慨されてしまい、私の対応について上司にエスカレーションされてしまったことがあった。

その後、事情を説明して理解をもらい、ことなきを得たが、ローコンテクスト文化であっても、直接的な言い方で否定的なフィードバックを行ったり、意見を対立させたりすることがよいわけではない点に気づかされた。

●意思決定

グローバルプロジェクトでは、日本側の対応が隠蔽体質と指摘されることがある。会議で議論の後、日本側だけで集まって方向性を決めてしまったりすると、会議の内容とその後の意思決定に一貫性がなく、不信感を生んでしまう。したがって、結果だけの連絡にとどめず、日本側で検討する理由、そしてその内容なども伝えるべきであろう。日本ではアンオフィシャルなコミュニケーションで物事が決まることがよくあると思うが、そういった点も海外メンバーの価値観に寄り添う必要がある。

●信頼関係

中国の場合、信頼関係は仕事を通して構築されるのではなく、仕事の前にまず個人的な関係を築く点が、日本より顕著である。中国でビジネス経験のある日本人から、現地では会食などが非常に重要だという話を聞いたことがある方も多いのではないか。実際の仕事を行う以前に、会食などを通じて個人同士での関係性を作ることが重要なのである。一方でドイツは、仕事を通じて信頼関係を構築する文化である。そのために事前に個人的な関係性を作るという文化は、一般的にはなく、仕事の結果により関係性が築かれる。

●スケジュール

スケジュールについても、日本のように遵守する国柄と、あくまで一案ととらえる国がある。そのため、スケジュールを決定づけるクリティカルパス上のタスクについては、特に認識をすり合わせておく必要がある。例えば、中国に関しては日本と同じハイコンテクストに位置づけられているため、こと細かく説明せずとも、ある程度の意図を汲みとる傾向があると言えるが、プロジェクトを進める上でスケジュールに対する認識が日本とは異なり、期日どおりのタスクを実施することを前提としていると、コンフリクトが生じることもある。

また、日本から何か依頼ごとをした際に、「すぐにやります」と返答が来た場合の〝すぐ〟の解釈も、その日中なのか、今週中なのか、来週早々かなど、相手側での解釈によって異なってしまう。そのため、期日があるならばあいまいにせず、期日が必要な理由に加え、何日までに、必要であれば「何日の何時ごろまでに」と明確に伝える必要がある。ある海外拠点を含めたプロジェクトにおいて、インド出身の相手に対して、現地側のスケジュールを送ってくれと依頼した際に、「I'll send it "shortly".（〝すぐに〟送ります）」と言ってくれたので、その打ち合わせの直後にでも送ってくれると思っていたが、2日経っても送ってくれなかったことがあった。"Shortly"という言葉の解釈が異なるのである。

したがって、スケジュールどおりにタスクが進行しない可能性を踏まえて、あらかじめスケジュールにバッファを持たせておくことや、期日間際になって間に合わないとあわてないように、何かしらの対策を講じる余裕を作るためにも、成果物と同様に早い段階でスケジュールの進捗状況を確認するということも考えられる。

このような違いが内在している前提でコミュニケーションをし、作業を進める必要がある。また、このような対処はおそらく経験則として持っておられ、うまく対応されている方も多いと思われる。ただ、属人的な対応に終わらせるのではなく、コミュニケーションの品質を、プロジェクト経験を積むごとに向上させるためにも、企業内でノウハウを継承していくことが重要である。

こうした各国の文化を理解する点は、コミュニケーションをする相手の傾向として理解しておくことは有益だが、全員が全員にまったくそのとおりにあてはまるわけではない点にも注意が必要である。当然、私が挙げた事例なども一例であり、日本でも会社ごとに社風が違うように、海外でも同様に会社によってカルチャーが異なる。

日本はハイコンテクストのカルチャーと言われ、行間を読み阿吽《あうん》の呼吸で行動することや、直接的な言い方はせず、間接的な言い回しで示唆することで相手に理解してもらうなどの傾向があると言われるが、当然そうでない日本人も一定数存在する。また、「アメリカ人は……」「イギリス人は……」と言っても、その人個人の文化的なルーツが異なっているケースも多い。

実際に、アメリカ人はオンとオフをきっちり分けると言われるが、いつ寝ているのかわからないほど、昼夜も休日も関係なくメールをくれるアメリカ人マネジャーを多く知っている。

したがって、重要なことは、日本人の感覚とは違うという前提に立ち、いくつかの傾向がある点を念頭に置きながら相手を個人として尊重して受け止め、最適なコミュニケーション方法をその時々で選択することである。また、こうした前提において、ある程度のコミュニケーションロスは回避できないとして、いかにそのロスを軽減させるかという視点に立って工夫することが必要だ。

例えば会議で成果物の内容について合意形成を図る際に、日本人に対するよりも詳細に説明するものの、言葉で説明しただけでは、おそらく通じていない可能性があるという前提に立つのである。会議で会話された内容とその後の成果物にギャップが出ることを想定し、事前に成果物のサンプルを提示したり、完成前にドラフトレベルのものを相手と一度確認し、早い段階でギャップを埋めてから後続の作業に取り掛かるなど、こうした取り組みはあらかじめプロジェクトのスケジュールを立てる段階から計画として組み込んでおくのがよいだろう。

5.2.5・仕事の進め方

英語がいくら堪能で、相手の文化・習慣をよく理解していても、仕事の進め方に対して認識がずれていると足並みが合わず、なかなか物事が進まないので非効率となる。日本人同士であれば、阿吽の呼吸によって、この先どういった作業が期待されるかをある程度察知して行動できるが、グローバルプロジェクトでは期待してはいけない。事前に仕事の進め方についてもしっかりと共通認識を形成しておくのである。

例えば、プロジェクトにおけるフェーズそのものの考え方や、それぞれのフェーズにおいて何をどこまで決定しておくかという成果物に対する認識をすり合わせ、さらに個々のメンバーがそれぞれのフェーズでどのような役割を担うのかまで明文化してしっかりと共有しておくことが必要になる。

それぞれの組織で異なるプロジェクトの方法論を持っている場合などは、それぞれの方法論の差異を確認し、当該プロジェクトではどのように対応するかを事前に合意しておく。同じ言葉で定義されるフェーズや成果物であっても、その内容が微妙に違うこともあり、こうした点は手戻りによる遅延などが発生しやすい部分であるため特に注意が必要である。

実際に私が対応した日本企業とヨーロッパ企業とのプロジェクトでは、日本側とヨーロッパ側で異なるプロジェクト方法論を持っていた。プロジェクトのフェーズの呼び名も違い、それぞれのフェーズでどういった作業を実施するかまで異なっていた。そのため、お互いが連携して作成しなくてはならない設計書などの成果物や、統合テストなどで足並みを合わせる必要があった。

日本側で設計書を作成する段階で必要な要件が、ヨーロッパ側では次のフェーズで詳細を検討することになっており、日本側の作業が進まなくなることが想定されたのである。したがって、双方が連携して作成する設計書については、章単位に分解し、関連性を明確にし、その内容をいつまでに検討する必要があるかを事前に取り決め、その前提でスケジュールを組むように工夫をした。

こうしたことは、私が過去に経験した、大手都市銀行、自動車会社、大手の電機メーカーなど、ほぼすべてのグローバルプロジェクトで問題になっていた。あらかじめグローバルで標準化されたプロジェクト方法論のもとで働く多くの外資系企業とは異なり、日本からグローバル展開したような日系企業の場合、当初から標準化が考慮されておらず、海外拠点での現地最適化の段階を経るうちに独自の方法論が確立され、仕事の進め方も日本側と異なってしまうようである。もちろん海外拠点だけで何かを推進するのであれば問題ないだろうが、日本側との協業となるとこうした仕事の進め方が異なるためにとても非効率な側面をはらんでしまうということも前提としてとらえる必要がある。

各フェーズの完了報告や、プロジェクト外の関係者への報告、あるいはステアリングコミッティなどの重要な会議の進め方についても理解をすり合わせておいたほうがよいだろう。会議はその目的によって意思決定、議論、情報共有などに分類できると思うが、何かしらの意思決定を行う会議を開く場合、日本企業では〝根回し〟〝事前ネゴ〟がとても重要視される。つまり、会議の前に関係者間で大方の議論、質疑応答を済ませ今後の方向性を確認しておくのである。

そして実際の会議では、参加者が誰でも自由に発言してよい空気はなく、プロジェクトマネジャーが報告し、意思決定にそれほど影響をおよぼさない、根回しの対象にもならなかった関係者への共有の意味で経緯の説明を行う。意思決定者による簡単な確認がなされ、最終的な意思決定を行い、「引き続きがんばってくれ」というような趣旨のコメントで会議が滞りなく終了する。

これは、会議が議論で紛糾したり、事前に準備のない質問を受けて回答に窮したりすることで意思決定ができなくなり、会議の時間が無駄にならないようにする意味で重要視されている。また、事前に〝根回し〟をしていたにもかかわらず、実際の会議で違った発言をしようものなら、いわゆる〝後ろから刺された〟と表現され、なぜ事前に言わないのかと大変なことになったりする。

とにかく日本企業ではとても〝根回し〟〝事前ネゴ〟が重要視される一方で、それらが意思決定スピードの遅さの原因としても挙げられることがある。この根回し文化は日本固有のもののように思われるかもしれないが、企業の文化によっても異なるだろうが、イギリス、フランス、アメリカなど海外の企業でも多かれ少なかれ行われている。また、日系企業であれば海外拠点メンバーもこの点の理解が高く、〝Nemawashi〟という共通語を抵抗もなく普通に使っているメンバーも多いであろう。もちろん、〝根回し〟そのものも、事前会議として会議形式で行うのか、カジュアルな形で行うのかの程度の違いはあれ、意思決定を行う会議の前のコミュニケーションとしてグローバルプロジェクトでも効果的であると私は考えている。

ただ一点、注意しなくてはいけないのは、個人レベルでの認識である。以前、プロジェクトマネジャーがフランス人で、プロジェクトメンバーがフランス人、イギリス人、ベルギー人、オランダ人、中国人、日本人という構成のチームで、イギリス人、ベルギー人、フランス人で構成されるステアリングコミッティメンバーに報告する場面があった。フランス人のプロジェクトマネジャーは当然ながら事前に根回しを済ませており、フォーマルな形でその会議を進行していた。その場にいたメンバーもそういう会議であることを感じていたが、突然中国人のメンバーが"I think……"と意見を主張しはじめた。その場が微妙な空気になり、フランス人のプロジェクトマネジャーがいら立ちを見せながらそのメンバーの発言を制止したことがあった。こうしたことにならないために、事前に会議の進め方についてもメンバー間で認識をすり合わせておいたほうがスムーズであろう。

　こうした個人ベースでの仕事の進め方については、その他の会議の場合でも当てはまる。プロジェクトにおいてチーム間をまたぐような課題が発生した際には、どのように調整するだろうか。

　限られた人数で集まり、会議の中でお互いの意見を主張し、ホワイトボードなども使ってその場で侃々諤々《かんかんがくがく》の議論をして意思決定するというスタイルもあれば、事前に背景・課題とソリューションの案について長所／短所（Pros/Cons）をまとめた上で、関係者を集めて問題ないことを確認するというスタイルもあるだろう。

　人によっては手ぶらで会議に参加しないように先輩から教えを受けた経験があるかもしれない。いずれにせよ、一緒に仕事を経験したことがない間柄であれば、課題検討の前に、どうやって課題を検討するかという手順について検討する必要が出てくる。特に、緊急度が高い課題などについて検討する場合などは、コミュニケーションを行う上で情報格差が生じており、混乱することがある。そうしたことを防ぐためにも、事前に要点を整理し具体的な依頼を行っておくのがよいだろう。

また、企業によっては問題解決に向けたアプローチを全社的に標準化し、全社員を対象として徹底的に教育しているところもある。企業内で標準化されていれば、複数部署にまたがる課題であっても、参加者は何をするべきかが理解できるため、状況整理・原因分析・課題提起・解決策の検討・意思決定・対策実行・確認・横展開といった課題解決に向けたコミュニケーションがスムーズになる。進め方そのものに対する議論がなくなるため、解決に向けた議論にフォーカスできるのである。

いずれにせよ、課題を解決する際の段取りなど、必ずしも全員が同じアプローチをとるとは限らないため、具体的な検討に入る前に進め方について認識合わせをしておく必要がある。

そのほか、日本と海外とで品質面での見解の相違により作業の進め方が大きく異なるケースもある。

以前、台湾人の友人が、「日本製の文房具は品質がよい」と誇らしげに彼の持っているノートを見せてくれたことがあった。そこには、ひらがな〝らしい〟文字が書かれており、おそらく日本製でないだろうことを正直に話すと、正しくなくともとにかく〝ひらがな〟らしい表記があるだけでも高品質を連想させると言っていた。

細部にまでこだわり、完璧を目指す姿勢は、「ものづくり」のあるべき姿であり、日本の製品が高品質という評価を得て、日本の製造業の繁栄につながったことは言うまでもない。ただ、プロジェクトを進める上では、時に完璧さにこだわり過ぎるあまり、海外メンバーと進め方で意見が合わなくなることがある。

例えば、システム開発などでは、致命的なシステム障害でなければある程度の障害が発生しても修正すればよいというスタンスと、とにかく完璧を目指し徹底的に品質管理を行うスタンスとに分かれることがある。プロジェクトとは、とにかくリソースが有限であり、期限が決められている。すべての作業に時間と労力をいくらでも使ってよいわけではない。

そのため、プロジェクトの目的を達成するために何を優先すべきか、理解を合わせる必要があり、仮にそれが〝品質〟であれば、品質管理を徹底する必要があり、〝スケジュール〟が優先であれば、多少の品質面での問題があってもスケジュールを優先するという意思決定になる。日本人は特に品質面のこだわりが強い傾向があるため、プロジェクトとして何を優先に考えるかを明確化すべきであり、特に品質に関する考え方をすり合わせておく必要があるだろう。

5.2.6 ・目的意識

1つのプロジェクトであれば1つの目的を持つのは当然かもしれないが、グローバルプロジェクトではどうしても組織の全体最適と部分最適の間でコンフリクトが起きやすい。

例えば日本本社主導でグローバル全体のシステムを刷新するようなケースである。よくある話としては、海外拠点側にはすでにシステムが存在しており、新システムへ移行すると関係システムへも影響してしまう上、業務プロセスまで変更が必要となり、海外拠点側には直接的にベネフィットを感じられないような場面がある。

ベネフィットがないばかりか、ただでさえ限られた人的リソースで通常業務に対応しているにもかかわらず、本社主導のプロジェクトに対応するためにリソース負担まで強いられ反発が起こるのである。まず前提として、全体最適に得られるメリットだけでなく、一部の部分最適が壊れることのデメリットについても十分に関係者間で議論された上でプロジェクトの発足が意思決定される必要がある。

こうしたステップを踏まず、かなり抽象度の高い状態でプロジェクト実施の要否を判断してしまっている場合には、この手のコンフリクトが起きやすい。それを防ぐためには、本社側でリソース（人的・コスト面）のケアをしたり、プロジェクトの貢献をしっかりと評価するような仕組みが必要であるが、そもそものプロジェクトの目的という点で、全体最適という観点での共通理解が必要になるのである。

グローバルプロジェクトを推進する上で、さまざまな意思決定の場面があるが、その意思決定のよりどころとなる共通の目的意識は何かという点である。この点における認識が一致していると、本質的な部分の議論を行った上で解決に到達するまでのスピードが圧倒的に違う。逆に目的意識がバラバラであると、ことあるごとに議論が紛糾し、ある程度落としどころが見えたと思いきや、そもそも論を振り回されて議論が一からやり直しということになりかねない。

したがって、プロジェクトの目的について、日本側で取り決めて一度TV会議で説明して終わりではなく、プロジェクト発足前の早い段階で関係者を集め、ワークショップなどを実施し、関係者間で十分に対話を重ね、目指すべき方向性をすり合わせ、それを明文化しておくことが有効だと思われる。

こうしたワークショップではあらかじめ準備して内容を検討してもらうより、一度お互いの立場を取り払い、組織全体として直面している課題を共有し、〝それに対応する施策は何か〟からディスカッションを行うことが重要であろう。プロジェクトの成果は、プロジェクト終了時点から関係者が新しい何かを行うことで初めて創出される。その点を考えれば、押しつけられるようなプロジェクトではなく、当事者意識を高く持ってもらうために、早めに関係者を巻き込み、全体としての共通の目的意識を持つことが重要なのである。

そして、一度認識をすり合わせたから大丈夫だということではない。時間が経つと外部環境も変わり、すり合わせたはずの認識にも徐々にギャップが生まれることもある。伝える側は、一度伝えると安心してしまうのだろうが、伝えられた側がその内容を自身のほかのタスクと比べてどれほどの優先度でとらえたかまではわからないし、「重要なことであればまた言ってくるだろう」と思われている可能性もある。

山登りの場合、登り始めだけでなく、途中で次に進むべき道順を検討する際には何度も、現在地を把握した上で目的地の位置を確認するであろう。プロジェクトも同様に、節目でプロジェクトの現状と目指すべきところを何度も何度も確認する必要がある。

また、グローバルプロジェクトであれば、当事者間で共通理解をすり合わせることはとても重要であるが、お互いの活動を補うようにプロジェクトの活動領域全体に責任を持っている経営陣がしっかりと関与しておく必要がある。当事者間の利害に関係するような局所的な課題があった場合に、一度その課題の抽象度を上げ、共通目的に立ち返り、考えられる選択肢の中からよりよい施策を選ぶ必要がある。

したがって、経営陣やプロジェクトマネジャーの個人的な関係性に依存せず、また、体制図上には名前だけを記載し、実際にはほとんど関与しない形式的なものでなく、経営陣の関与をプロセスとして組織的に定義しておくべきであろう。そういった意味で経営陣の関与はプロジェクトの成功要因の1つと言ってよいだろう。

もちろんプロジェクトにも大小があるため、小さなプロジェクトにまで関与する必要はないが、ステークホルダーが多い大規模なグローバルプロジェクトについては、ステークホルダー間の利害が衝突しやすいので、積極的に関与する必要があるだろう。

第6章

Management for Global Competitiveness

変革のためのマネジメント

6.1 変革のマネジメントの必要性

プロジェクトマネジメントに関わる中で、「チェンジマネジメント」ほど正しく理解されていないものはないのではと思うほど、人によって認識が異なっていると感じる。「チェンジマネジメント」は文字どおり〝チェンジ〟を〝マネジメント〟することであり、この場合の〝チェンジ〟は変化や変更ではなく、〝変革〟と訳されることが多いだろう。

プロジェクトマネジメントには「変更管理」という、プロジェクトで定義された要件への変更依頼に対し、その変更を受け入れるかどうかを判断する管理プロセスがあるが、ここでいう「チェンジマネジメント」は、この「変更管理」のことではない。

企業は競争力を生み出すために、専門家を集め新しいチャレンジを行う。つまり、プロジェクトの発足である。そしてそのプロジェクトによって、組織や組織に所属する人に対してもさまざまな変革が訪れる。この変革をスムーズに進めるための手法が「チェンジマネジメント」と呼ばれている。

かつてのプロジェクトマネジメントは、製品、システム、サービスというプロジェクトから生み出される対象について、品質（Quality）、コスト（Cost）、納期（Delivery）という観点での管理にフォーカスを当てていたが、チェンジマネジメントは組織や人を含めた変革という観点からの包括的・体系的なアプローチと言えるであろう。プロジェクトを推進するメンバーは、プロジェクトの成果物である製品・サービス・関連プロセス・システムを生み出すことに注力するあまり、組織や人に対するケアがなおざりになってしまうようなことはないだろうか。

もちろん、定常運用に関わるメンバーに、プロジェクトの上流工程から参画してもらうケースもあり、また、プロジェクト終了前にトレーニングなどの工程をしっかりと設け、終了後に運用する側の習熟度を高めるような計画を立てているプロジェクトも多いだろう。こうしたことは、結果としてチェンジマネジメントの一部をカバーしていると言えるが、包括的なアプローチとして、組織・人の変革において計画的に対応しているプロジェクトは多くはないだろう。

プロジェクトは有期的な組織であるため、当初計画していた成果物が完成した段階で終了となるが、ビジネス面での変化はプロジェクトの終了時点から始まるのである。プロジェクトからのベネフィットを創出するためにも、終了後にプロジェクトの成果が組織や組織に所属する人にいかに受け入れられるかが重要なのである。

グローバルプロジェクトともなると、プロジェクトを推進する側と、プロジェクトの成果をもとに業務を遂行する側との間に大きな隔たりが発生することがある。例えば、日本本社主導で、製品の商品化プロセスの改革プロジェクトを推進する場合はどうか。

プロジェクトには、製品の企画、設計、製造、営業、マーケティング、アフターセールスなど幅広い領域からメンバーがアサインされる。プロジェクトの新しいプロセスやシステムが構築された後、プロジェクト内で活動していたメンバーだけでなく、実際にそのプロセスやシステムの各領域における実務担当者がそれに適応する必要があるのだ。

特に製造拠点が海外にある場合などは、プロジェクトを推進しているプロジェクトメンバーと、製造担当の現場社員との間で変革に対する温度差が生まれ、プロジェクトが終了して実際に新しい業務がスタートした際には想定もしなかったトラブルが発生することになりかねない。したがって、新しいプロセス・システムに対するスキル面での適応だけでなく、マインド面にまで気を配る必要があるのだ。

以前、とある日系の製造業の方から、システム開発プロジェクトにおいて多額のコストをかけてシステムを構築したものの、ユーザー側にまったく利用されず、結局慣れ親しんだエクセルで業務を進めているという話を聞いた。このような場合、そもそものプロジェクトの実施段階における妥当性の判断のまずさだけでなく、チェンジマネジメントがおざなりになってしまったことも要因として考えられる。変革に対するユーザー側の意識を醸成し、納得感を持って対応してもらう必要があったと想定できる。

ちなみに、「チェンジマネジメント」をプロジェクトマネジメントとまったく別の考えとして切り離してみる方もいるが、個人的にはそれは知識の体系的な整理の仕方の話であり、実際のプロジェクトにおいて、チェンジマネジメントのアプローチを何かしらの形で計画して推進しさえすればよいと考えている。

システム開発プロジェクトでは、プロジェクトマネジャーを含め、ほかのメンバーもシステムを構築することが目的になりがちで、そうしたカルチャーであれば、切り離して考えたほうが混乱もなくてよいとの判断もありうる。ただ、プロジェクトの目的はシステムというツール導入ではなく、ビジネス的な変化という視点に立てば、本来はプロジェクト内の活動として定義したほうがよいであろう。

いずれにせよ、プロジェクトのマネジメントは以前のようなQCD管理だけでなく、いかにベネフィットを創出するかという点にシフトし、それを生み出す具体的な計画においては、当然ながら組織・人に関する変革をマネジメントする必要がある。

6.2 変革の障壁

「チェンジモンスター」という言葉を聞いたことがあるだろうか。ボストン・コンサルティング・グループのジーニー・ダックが著書『チェンジモンスター――なぜ改革は挫折してしまうのか?』[*31]において、変革を進める上でもっとも障壁となる人間関係のもつれや、慣れ親しんだものを捨てることへの恐れといった人の感情に起因した阻害要因を総称して説明したものである。

企業が成長し、従業員が増えると効率化のために、おのおのの専門分野における分業化が進み、部署・個人の役割が明確化される。そうした企業ではどうしても部署間に壁ができ、いわゆるセクショナリズム、縄張り意識、サイロメンタリティー、タコツボ化といった言葉で表現されるような思考に陥りやすい。自身の部署とは関係ないことに関与しなかったり、「われわれの仕事ではない」というように限定された範囲で物事を考えてしまいがちになるのである。

また、前例がないから、いままでやっていないから、人がいないからと、とにかくでき

*31 ジーニー・ダック『チェンジモンスター――なぜ改革は挫折してしまうのか?』東洋経済新報社(2001年)

ない理由を並べて反対したり、少しでもリスクがあると行動せずに評論家的なスタンスとなってしまったり、自身の現在のポジションを保身しようとする動きが現れる。こうした変革を進める上でもっとも障害となる人の感情に起因した要因が、実はその過程で軽視されている。

変革を進める上で重要なことは、変革とはそもそもうまくいかないという前提に立って、具体的にどのような障壁があるのかを理解し、それに備える必要があることであると考える。あらかじめ想定していれば対処のしようがあるが、想定していないと思わぬところで足をすくわれるのだ。

とある製造業の会社では、グローバルでのグループ横断的なプロジェクトにおいて、プロジェクトの早い段階から関係者を十分に巻き込んでおらず、プロジェクトが進むにつれ、後になってから〝聞いてない〟、〝そういうつもりではなかった〟、〝そもそもなぜやるのか〟、〝うちのグループにはメリットがない〟といった議論が続出したことがある。その結果、プロジェクトを仕切り直すことになったものの、当初とは違い、プロジェクトの先行きが不透明となって旗色が悪くなると、とにかくプロジェクトがうまくいかない理由を並べて批判し、このプロジェクトの失敗を先読みするメンバーも出てくるようになる。ケガをしないように深入りせず、主体的に活動することをやめてしまうというのだ。

何か新しいことに取り組むためのプロジェクトを組織するため、チャレンジングであるのは当然である。そして、チャレンジングであるからこそ、その難しさを理由にやらない理由を並べるのはとても簡単であろう。人間であるからには、状況によってそういったマインドになることも自然なことと受け止める必要がある。

プロジェクトを立ち上げ、メンバーをアサインすれば、そのままおのおのがプロジェクトの目的に向かって動いてくれるわけではない。さまざまなチャレンジを乗り越えるために各領域の専門家を結集させたメンバーに対し、〝どうすればそのチャレンジを乗り越えられるか〟というマインドを持ち続けてもらい、プロジェクトメンバー外の関係者にも、プロジェクト化してまで取り組む意義への理解と、変革を受け入れる覚悟を持ってもらうためのアプローチが必要なのである。

6.3 変革のステップ

チェンジマネジメントにはさまざまなフレームワーク（Framework）が存在する。どのフレームワークも、それさえ理解すればすべてうまくいくというわけではないが、物事を効果的に進めるという点において、大変活用できる。ジェフ・ハイアットが定義した組織・個人レベルの変革アプローチ「ADKAR®」や、ハーバードビジネススクールのジョン・P・コッター教授の「8段階のプロセス」が有名であろう。

【ADKAR®】*32

第1段階：認知（Awareness）
第2段階：欲求（Desire）
第3段階：知識（Knowledge）
第4段階：能力（Ability）
第5段階：定着化（Reinforcement）

【8段階のプロセス】*33

第1段階：危機意識を高める
第2段階：変革推進のための連帯チームを築く
第3段階：ビジョンと戦略を生み出す
第4段階：変革のためのビジョンを周知徹底する

*32 Jeffrey M.Hiatt『"ADKAR" A Model for Change in Business, Government and our Community』Prosci Research(2006年)
*33 ジョン・P.コッター『企業変革力』日経BP社(2002年)

第5段階：従業員の自発を促す
第6段階：短期的成果を実現する
第7段階：成果を活かして、さらなる変革を推進する
第8段階：新しい方法を企業文化に定着させる

そのほかにも、いくつかのフレームワークが存在し、詳細な部分の定義は異なるが、基本的には変革の必要性について関係者間で共通認識を形成し、方向性を明確にして計画・推進し、成功体験を積み上げPDCAサイクルを回すという点では、どのフレームワークも似たような経緯をたどる。

6.3.1・変革の必要性の明確化と関係者の巻き込み

プロジェクトを発足させる際に、その目的を明確にすべきということは前述のとおりである。その際、同時に、このプロジェクトを実施しなかった場合にどういったリスクが組織・個人レベルに生じるのかを明確にしておくべきであろう。

現状の業績や業務オペレーションに多くの課題があり、その課題を克服するようなプロジェクトであると共感を得られやすい。しかし、業績もそこまで悪くはなく、業務オペ

レーションもこれまでは問題なく運用できており、特段の改善の必要性を感じていないような状況下では、さらなる競争力を養うための攻めのプロジェクトにおいて、関係者への動機づけを行うことが難しかったりする。

こうした場合は、トップマネジメントが積極的に関与しプロジェクトの後ろ盾になることが重要で、世の中が変化している中では現状維持こそがリスクであり、変革しなければ先々に競争力を失ってしまうという趣旨で、トップ自らが発信すべきであろう。

いずれのプロジェクトに関しても、関係者に対してプロジェクトを実施しなかった場合のリスクを共有し、現状のままではいけないという気づきを与えなければならない。プロジェクトの意義について共感してもらい、〝自分のこと〟としてとらえてもらうのである。

推進側の立場である場合、すぐに具体的な内容の検討と活動の推進に取り掛かりたいと考え、この段階を省略してしまいがちであるが、このように関係者にあらかじめプロジェクトに関する当事者意識を持ってもらうことができれば、変革を受け入れてもらえるハードルがぐっと下がるはずである。

特に、海外のステークホルダーを巻き込むようなグローバルプロジェクトであれば、注意が必要である。彼らとはそもそもの情報量も違えば、前提となっている事情も異なる場合が多く、なおさら、この段階に注意を払う必要がある。

TV会議で一度説明したからといって伝わっているとは限らない。相手にわかるように伝えるのは、情報発信側の責任である。海外拠点側の理解を確認するように双方向のやりとりが必ず必要になる。国内側で海外拠点側のすべてを把握しているわけではないため、こうしたケアを怠ってしまうと、認識違いから後々のトラブルのもとになり、海外拠点側のメンバーが辞めてしまうようなケースにもつながる。日本とは違い、欧米やアジア諸国などの多くの国では転職がひんぱんに行われる。やはり丁寧なコミュニケーションにより、海外拠点側の自発的な活動としてプロジェクトに取り組んでもらうためにも、一度だけでなく、何度も共通認識を確認するように計画する必要があるだろう。そのため、プロジェクトを通してどのように関係者とコミュニケーションをとっていくかという、コミュニケーション計画を作成すべきである。

とある日系のグローバル企業において、本社主導でシステム刷新のグローバルロールアウトプロジェクトを立ち上げた際、プロジェクトを推進する日本本社ではそのシステムがないことで不便だったため、プロジェクトの意義について理解を得やすかった。だが、海外拠点ではすでにほかの類似システムを保持しており、その現行システムに対する不満もなく、なかなか当該プロジェクトの意義を実感してもらえないという話も聞く。グローバルプロジェクトでは、全体最適と部分最適の観点でコンフリクトが生まれやすいので、注意が必要なのである。

ミッション／ビジョンに加えて、コアバリューという共通の価値観を定義している企業も多いのではないだろうか。これと同じように、プロジェクトについても先に述べた阻害要因に対応するのと同様の価値基準を作り、それを関係者と共有して理解を高めてもらうのがよい。

例えば、最初の概要説明の際に、プロジェクトとしてのチャレンジも説明し、それに対処するための行動指針として、〝どうすれば解決できるか〟、〝ポテンヒットはとにかく拾おう〟、〝全体最適に視点を持とう〟、〝気づいたことはどんどん主張してほしい〟など、プロジェクトにおける共通の価値観として定義し、関係者に共有しておくのである。

6.3.2 ・変革の方向づけ

プロジェクトによって具体的に組織やプロセスをどのように変革し、何をなしうるのかという変革の方向性を明確にする際には、一部の人だけでまとめ上げたり、外部のコンサルタントにすべてを準備させたりするのではなく、関係するビジネス領域の人を巻き込んで自分たちで定めるべきだろう。そのためには、ワークショップ（workshop）などを開催し、組織が直面する、または直面するであろう課題について話し合い、最終的にどのような組織であるべきか、ビジョンを作成するのである。

ある日系企業のシステム部門では、日本を含めたアジア全体のガバナンスをどのようにとらえるかという局面を迎えていた。当然あるべき姿のイメージはあるのだが、一方的に日本側だけで推進するのではなく、アジアの各拠点にいるシステム部門のメンバーのマインドに配慮し、一度日本に来てもらいワークショップを通じて、おのおのの思うところを話し合ってもらった。結果として当初想定していた方向性とほぼ等しい内容となったが、方向性を一方的に決めるのではなく、関係者とのコンセンサスを築きながら定めたため、その後の実行段階において、関係者が協力的に動いてくれたのである。

ある程度組織課題を推測でき、進むべき方向性を論理的に導き出せることもあるが、その答えを準備することが重要なのではない。関係者自らがその課題に向き合い、具体的に何をすべきなのかを関係者間で導き出すというアプローチが重要なのだ。

トップダウンでやることを決めて落とし込めばよいと思うかもしれない。もちろん、そのアプローチがうまくワークする企業文化を持っていれば問題ないが、多くの日本企業はそうではないだろう。ローランド・ベルガー日本法人会長の遠藤功は著書『現場力を鍛える』において、現場の人たちの反応こそが、戦略が結果に結びつくかどうかの大きな分岐点であったと記している。結果を出せた事例では、現場の人が高い当事者意識を持ち、主体性があり、建設的な議論を侃々諤々と繰り返して実行していたという。

また、見落としがちなのは評価制度である。プロジェクトへの貢献がしっかりと評価できる仕組みになっているかどうかも重要なのである。やってもやらなくても評価が変わらないようであれば、モチベーションに影響するのは必然である。評価制度は組織として社員に何を求めるのかという重要なメッセージでもある。プロジェクトの貢献をしっかりと承認するという仕組みが整っていないのであれば、〝評価制度は人事部の仕事だから〟などと言わず、経営陣を巻き込み、見直す必要があるのだ。

一見回りくどいように感じるかもしれないが、このステップを経ずに準備した施策で推進しようとすると、最終的に変革を実行する段階になって抵抗を受けることにもなりかねないため、結局のところ、このアプローチのほうが効率的であると考えられる。

6.3.3 • 変革の推進

抽象度の高いビジョンには共感できても、変革の内容を具体的に検討する上で、どうしてもコンフリクトが発生する。こうした場合、もう一度、抽象度の高いビジョンに立ち戻り、その視点から考えた場合に取りうる手段を考えて長所・短所（Pros/Cons）を評価し、意思決定を行うほかない。

とある日系メーカーにおいて、全社横断的に顧客情報の一元化のプロジェクトがあった。全体最適という観点からすれば聞こえはよいが、業績のよい事業部が業績の悪い事業部を助ける構図にもなっていた。業績のよい事業部にはこのプロジェクトを通して負担を強いられることへの抵抗があり、売上責任を担っている本業の活動にリソースを優先して割り当てるなど、なかなか足並みが揃わない事象であった。こうしたケースでは、担当レベルでの解決が難しいため、経営陣も含めて最適な方法を選ぶことになる。だが、感情的な対立を防ぎ、解決に向けた一連の流れをスムーズに進めるためにも、誰がどういった課題に対して意思決定をしていくのか、プロセスをしっかりと定義し共有しておくべきであろう。

そして、実際の変革の段階では、すべてが想定どおりにいかないリスクを踏まえて、不測の事態に備えたコンティンジェンシープランも準備し、慎重に切り替えを行う必要がある。プロジェクトでは移行期間と移行後の安定稼働を注視する期間において、たいていの場合は計画したとおりにはうまくいかず、さまざまな調整が必要となる。

とある日系の製造業のＳＣＭ（Supply Chain Management：サプライ・チェーン・マネジメント）の改善プロジェクトでは、関係ステークホルダーがその日系企業の本社と海外拠点、中国の製造委託会社、物流会社にまたがり、何とかプロジェクトの移行期間を終えたものの、その後、オペレーション面での考慮漏れが散見され、意図したとおりには成果があがらず、移行後、半年以上にわたってオペレーション上の調整を続けざるをえなかったことがあった。

6.3.4・成功体験の積み上げ

一昔前に比べると、長期のプロジェクトは減少傾向にある。本来は長期になる場合でも、管理しやすいレベルの複数プロジェクトに分割するケースが多いと思われるが、それでも一定数の長期プロジェクトが存在する。

そうしたプロジェクトの場合、どうしても中だるみが生じやすい。また一部の担当者が時間とともに入れ替わり、プロジェクトの意義などの理解が薄れ〝そもそも論〟が生まれ、腰砕けとなって変革のプロセスの最初からやり直すことにもなりかねない。そのため、長期のプロジェクトの場合は、Quick‐Winと称して早期に変革の効果を感じられるように計画するのである。また、それとともに、変革のロードマップを作成し、この先にどういった変化があるかを共有することも重要であろう。

とある大規模なCRM改革プログラム（プロジェクトの集合体）では、顧客情報を管理する現行のデータベースから新規のデータベースへ移行するだけでも1年以上かかった。

ビジネス的な観点からもさまざまなプロセス変更が発生し、それに関連する細かなアプリケーション開発も断続的に行うといったプログラム計画であった。最終的にプロジェクトの成果を創出できるのが、数年先という内容である。そのため、いつどういった観点で変化が生まれるのかを、ロードマップにまとめて関係者間で共有した。

プロジェクトのスケジュールなどを表現する線表は、プロジェクトを通して実施するタスクを表しており、プロジェクトのスケジュール管理という点では有用である線である。ただし、ビジネス的な観点での変革という意味では、その線表の終了した時点が変革の始まりであり、そうした一つひとつの変革において、何がどう変わるのかを明確にしておくのである。

6.3.5・PDCAサイクル

いったん、何かしらの形で変革の成果が出たならば、さらなる変革に向けて何がうまくいっているのか、何がうまくいかなかったのかの振り返りを行い、軌道を修正し、ロードマップに描いた最終的なビジョンに向かって踏み出すのである。早期に何かしらの成果を創出することは、そのプロジェクトの妥当性を証明し、関係者にこのプロジェクトの意義を実感してもらう上で大変重要なことである。

ある日系の製造業の会社における製品開発プロセスの再構築プロジェクトでは、数年間という長期にわたるため、プロジェクトではなく全体をプログラムととらえ、その中に複数のプロジェクトが内包されているような形で進めていた。プログラム全体ではとても期間が長いため、細かなプロジェクトの一つひとつの成果を順に積み上げ、そしておのおののプロジェクトの学びを次のプロジェクトに活かしながら対応していくような工夫をしていた。

しかも効果がよりわかりやすい形でみえるようなプロジェクトをあえて実施することで、プログラムの妥当性を示すようにしていた。もちろん、いったん何かしらの成果が出たとしてもそこで立ち止まってはいけない。より本質的な部分の変革に向けて、この段階からさらに関係者を巻き込み推進していく必要があるのだ。そのための早期での成果なのである。

一足飛びに本質的な変革を行い、最終的なビジョンに到達することは大変な困難が伴うであろう。そのために、早期の成果は、本質的な部分の変革を行うためのステップなのである。ただ、外部環境の変化などで当初に見込んだ成果を創出できなくなっていれば、当然ながら軌道修正をするべきだろう。

プロジェクトマネジャーの責任範囲を、規定した要件どおりの成果物を作ることのみに限定すると、こうした変革についての活動が漏れてしまう可能性がある。しかし、プロジェクトを何のために発足させたのかというマネジメント思考により、それを成し遂げるために何が必要かと考えると、必然的に変革のための活動の必要性が理解できるはずだ。そして、そうした変革の活動がプロジェクトの活動として定義され、担当者にも明確になっていればよいが、成果物を構築することのみにフォーカスすると、その成果物を利用する側の理解が追いつかず、正しく活用されないことにもなりかねない点に注意が必要である。

チェンジマネジメントもプロジェクトマネジメントと同様に手段の1つである。この手段を従来どおりに実施することが目的ではない。目的はあくまで成果を創出することである。われわれ日本人の一般的な傾向として、どういった役割でもしっかりと忍耐強く対応できるよい面がある一方で、その忍耐強く対応する中で手段と目的を取り違えてしまいやすい点に注意し、成果を創出するために変革をマネジメントする必要がある。

第7章

Management for Global Competitiveness

グローバルプロジェクトにおけるリーダーシップとは

7.1 リーダーシップとは何か

これまで何度この言葉と出合ってきただろうかと思うほど、ビジネスにおけるあらゆる場面で〝リーダーシップ〟という言葉を耳にする。また、新卒で入社して何年かするとリーダーシップ研修などを実施するような企業も多く、コンピテンシーとして評価基準に含めている企業も多いであろう。グローバルプロジェクトにおけるリーダーシップとはどういったものかを考える前に、一度リーダーシップそのものについて考えてみたい。

リーダーシップという言葉も、〝リーダーシップを発揮する〟〝リーダーシップが足りなかった〟などのように使われるが、まずは本書におけるリーダーシップという言葉の解釈をすり合わせておきたい。

英語で〝~シップ（~ship）〟という接尾辞は、修飾する単語の資質や能力を意味するため、リーダーシップとはリーダーにとって必要とされる能力のことを表す。そしてリーダーとは、一般的に組織や特定の活動を率いる人を指すため、リーダーシップは「組織を率いる人の能力」ということになる。組織は組織として存在しているのではなく、本来何かの目的のために〝人（人々）によって組織される〟という点を踏まえると、目的達成のために人々を率いる能力と解釈できる。

このようにリーダーシップをとらえた場合、権力にもとづいて指示・命令を行う、いわゆる従来型のリーダーシップのイメージとは異なり、もっと広い範囲を意味していると考えることができる。

組織によって目的は異なり、また組織を構成する人々も異なることを考えれば、リーダーシップは共通項こそあるが、組織によってリーダーシップに含まれる要素が異なってもよいことになる。

また、マネジメントとリーダーシップとは混同しやすいため、その違いについても触れておきたい。P・F・ドラッカーは著書『プロフェッショナルの条件』において、リーダーシップを「組織の使命を考え抜き、それを目に見える形で明確に定義し、確立すること」と説いている。また、マネジメントは前述したとおり、「組織をして成果を上げさせるための道具、機能、機関」としている。リーダーシップが組織の方向性を具現化し、メンバーに対して理解を求める能力であるのに対し、マネジメントはいかに成果をあげるかということであり、観点が異なっているということがわかる。

成果をあげるための必要な要素として、メンバーの共通認識が必要となり、そのためにリーダーシップという能力が必要となれば、リーダーシップが成果をあげるというマネジメントにおける手段の1つにはなりうるが、イコールではないのである。

7.2 リーダーシップの種類

リーダーという言葉から、戦国時代の武将や、明治維新の志士の顔が浮かぶなど、カリスマ的な人物を連想する方も多いと思われる。リーダーシップはこうしたカリスマ的なリーダーシップに限った話ではない。

世の中にはさまざまなリーダーシップ論が存在するが、ダニエル・ゴールマンの著書『EQリーダーシップ 成功する人の「こころの知能指数」の活かし方』[*34]は特に有名である。実際に高いパフォーマンスをあげているマネジャーに対する調査により、6つのリーダーシップを状況によって使い分けているとされる。

〈共鳴を育てるスタイル〉

*34 ダニエル・ゴールマン『EQリーダーシップ 成功する人の「こころの知能指数」の活かし方』日本経済新聞社(2002年)

ビジョン型……共通の夢に向かって人々を動かす
コーチ型……個々人の希望を組織の目標に結びつける
関係重視型……人々を互いに結びつけてハーモニーを作る
民主型……提案を歓迎し、参加を通じてコミットメントを得る
〈使い方を誤ると不協和を招く危険性をはらむスタイル〉
ペースセッター型……難度が高く、やりがいのある目標の達成をめざす
強制型……緊急時に明確な方向性を示すことで恐怖を鎮める

ここで重要なことは、さまざまなリーダーシップのスタイルがあり、1つのスタイルにこだわらず、それを使い分けるということだと考えている。リーダーシップとは目的達成のために人々を率いる能力であるという点に触れたが、その目的に対し率いる人、状況によって効果的な導き方が異なる点が重要であろう。

状況に応じたリーダーシップとしては、ポール・ハーシーとケン・ブランチャードのSL（Situational Leadership）理論も有名である（図表34）。リーダーシップを発揮する相手の状況によって、リーダースタイルを使い分けることが提唱されており、状況によって4つのリーダーシップのスタイルを変えるべきであるとされている。強制的な指示、コー

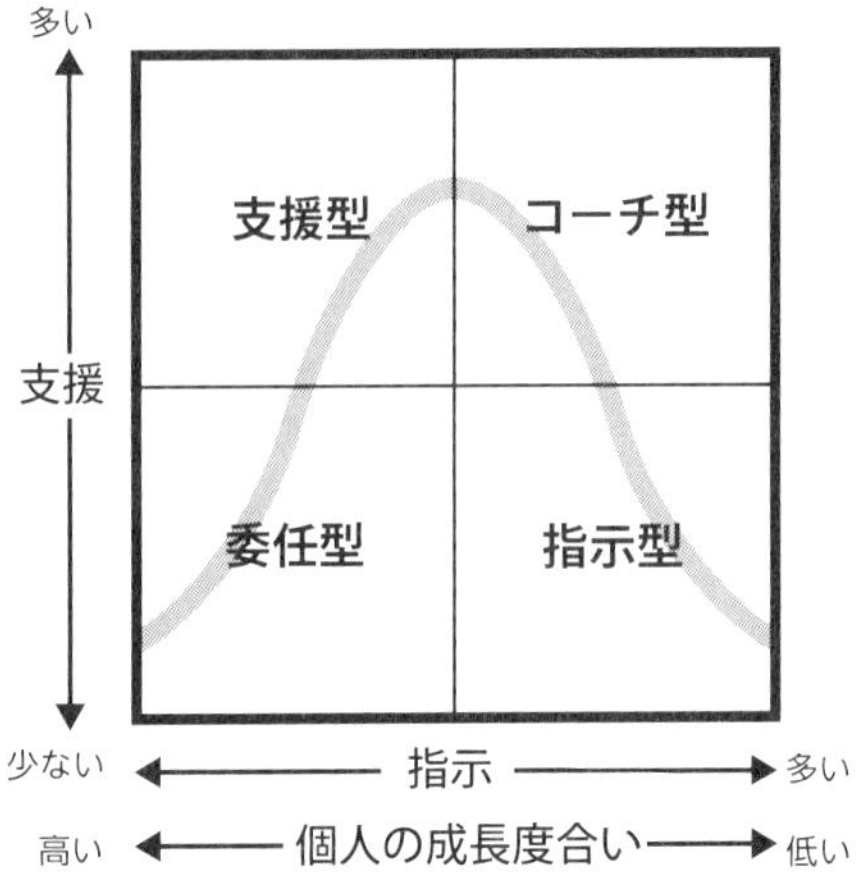

図表34　SL理論　ポール・ハーシー＆ケン・ブランチャードの論をもとに筆者作成

チング、または支援するスタイルという点でダニエル・ゴールマンの6つのリーダーシップスタイルと類似している点も多い。

状況に応じてリーダーシップのスタイルを使い分けることを意識されたことはあるだろうか。

常に強制的な指示型では、指示を受ける人自身が成長度が高いとモチベーションに影響する場合もあるだろうし、プロジェクトの当初からコーチ型のリーダーシップをとると、なかなかプロジェクトの方針が伝わらないという不満が出る可能性もある。

とある大手金融機関では、数百億円におよぶ大規模なプロジェクトを進めていた。その規模の大きさから、プロジェクト管理側もかなり細かく管理しないと実態が把握できなくなるリスクがあった。そこで、プロジェクトの初期段階から管理プロセスを徹底させる必要があり、メンバーにその必要性を丁寧に説明し、理解を得ると同時に、管理プロセスに沿っていない場合などは、プロジェクトマネジャーが指示型のリーダーシップでそれを是正し定着化を図ったことがあった。もちろん、このリーダーシップスタイルははじめだけで、その後のプロセスでは必要に応じて支援するものの基本的には各チームリーダーに委任した状態で進めることができた。リーダーシップにはスタイルがあり、状況により効果的に選択することが必要なのだ。

7.3 グローバルプロジェクトでのリーダーシップ

状況に応じてリーダーシップのスタイルを使い分けるという前提において、多様なメンバーで構成されるグローバルプロジェクトの場合に特に必要とされるリーダーシップスタイルとは、どういったものであろうか。

先のコーチ型のリーダーシップスタイルと類似したスタイルにサーバントリーダーシップというスタイルがある。サーバントリーダーシップは１９７０年代にロバート・グリーンリーフ[*35]によって提唱されたリーダーシップの概念の1つである。

従来のリーダーシップスタイルは権力にもとづいて、メンバーに対して指示・命令を行う支配型のリーダーシップが主であったが、サーバントリーダーシップは、まずはメンバーに奉仕し、その後は導くというスタイルである。野球で言えば、自分が犠牲となって、ランナーを進める〝送りバント〟のようなものであり、サッカーでは全体を見渡し、中盤から前線へ選手が動きやすいようにパスを展開するボランチのようなイメージと考えればわかりやすいだろうか。

サーバントリーダーシップの〝サーバント〟には、「使用人」や「召使い」という意味があるため、この意味だけ考えると、メンバーの言いなりになるように誤って解釈されてしまいそうであるが、サーバントリーダーシップとはリーダーがメンバーの価値観を受け止め、信頼関係を構築し、内発的動機づけによりそのメンバーを活かすように導くリーダーシップスタイルである。

グリーンリーフは、サーバントリーダーはまず傾聴によって問題に対処すると説いており、〝本当に相手に耳を傾けているかどうか〟を自分に問うことの重要性を述べている。そして、よりよいリーダーシップを発揮するために一歩下がって自分の位置を確認し、すべてに対応するのではなく意図的に重要なことのみに対応すること、またどんなときでも

*35 ロバート・K.グリーンリーフ『サーバントリーダーシップ』英治出版(2008年)

相手を受け入れ、共感し、仮に相手から拒絶されたとしてもその相手を拒絶しないとしている。そして、相手が成長できるかどうかという観点に、ほかのリーダーシップスタイルとの明確な違いが現れる。

ＶＵＣＡ時代と呼ばれる外部環境の変化が激しい時代には、プロジェクトの複雑性や難易度が高い上、プロジェクト自体がより機動的なプロジェクトである必要性がある。そしてグローバルプロジェクトであれば、さまざまな価値観を持ったプロジェクトメンバーで構成されることになる。このような状況下では、プロジェクトを通して多様性を活かし、新しい価値を創出するために限られたリーダーがすべてを把握しコントロールすることは困難であり、より多様な知見を持ったメンバーの力がより必要とされる。こうした多様なメンバーのベクトルを1つの方向性に向かわせるリーダーシップスタイルとして、サーバントリーダーシップが有効であると考えられる。

日産自動車の元ＣＥＯ、カルロス・ゴーンは、１９９０年代に経営危機に瀕していた日産自動車を、リバイバルプランによってＶ字回復に導いたことで有名であるが、カルロス・ゴーン元ＣＥＯ自身が解決策を用意したわけではなく、触媒役に徹して、何が問題であり、それをどのように対処すべきかを社員から直接聞きとり、社員のモチベーションを維持し、変革が起こるように仕向けたという点は先に触れた。カルロス・ゴーン元ＣＥＯ

も状況によってリーダーシップのスタイルを使い分けていると想定されるが、この当初のスタイルはサーバントリーダーシップの要素が強い事例であると考えられる。

ただ、やはり注意しておきたいのは、サーバントリーダーシップを機能させるには、プロジェクトの目的がしっかりと定義されているという前提が必要である。グリーンリーフもサーバントリーダーは目的を把握し、明確に言葉として表し、他者に説明し、確信を与えると述べている。この点は、リーダーシップスタイル全体に言えることだが、リーダーシップを発揮するための、目的が必要となることは、言うまでもない。

プロジェクトの目的、つまりプロジェクトの向かうべき方向が定まっていない中で、サーバントリーダーシップを発揮しても、メンバーから狙った効果が出ないことになりかねない。まずはプロジェクトの目的を明確化した上で、傾聴やメンバーの意識を深掘りするための質問を投げかけ、多様なメンバーの価値観を受け止め、メンバーの思いとプロジェクトの方向性との間の関連性を探り、メンバーの内発的な動機づけを生み出し、メンバーを導いていく必要がある。

7.4 リーダーシップを発揮する者

プロジェクトのメンバーからすると、すぐに上司のリーダーシップのなさが目につくこともあるし、経営陣は経営陣で、中間管理職のリーダーシップ不足を感じることがある。そして、「○○さんは、リーダーシップがないんだよなぁ。おかげで現場は苦労するよ〜」とか、「うちの中間管理職の連中はリーダーシップが足りないから……」などと、お互いにリーダーシップを発揮することを押しつけあってはいないだろうか。

プロジェクトが創出する価値は、プロジェクトという有期的な組織を構成している個々のメンバーから創出される価値の総和である。したがって、一人ひとりの多様性を活かすことが、グローバルプロジェクトの成功要因であることは言うまでもない。

また、先に述べたように、リーダーシップはリーダーの能力という定義であるが、このリーダーという役割も、具体的に〝○○リーダー〟という名前がついた役割の者だけが発揮すべきものではない。プロジェクトの体制図と言えば、ライン型の組織と同様に、いわゆる階層型の組織構造（図表35）で表現されることが一般的だと思うが、これは上位者がリーダーシップを発揮し、下位の者がそれに従うという構図をイメージさせる。

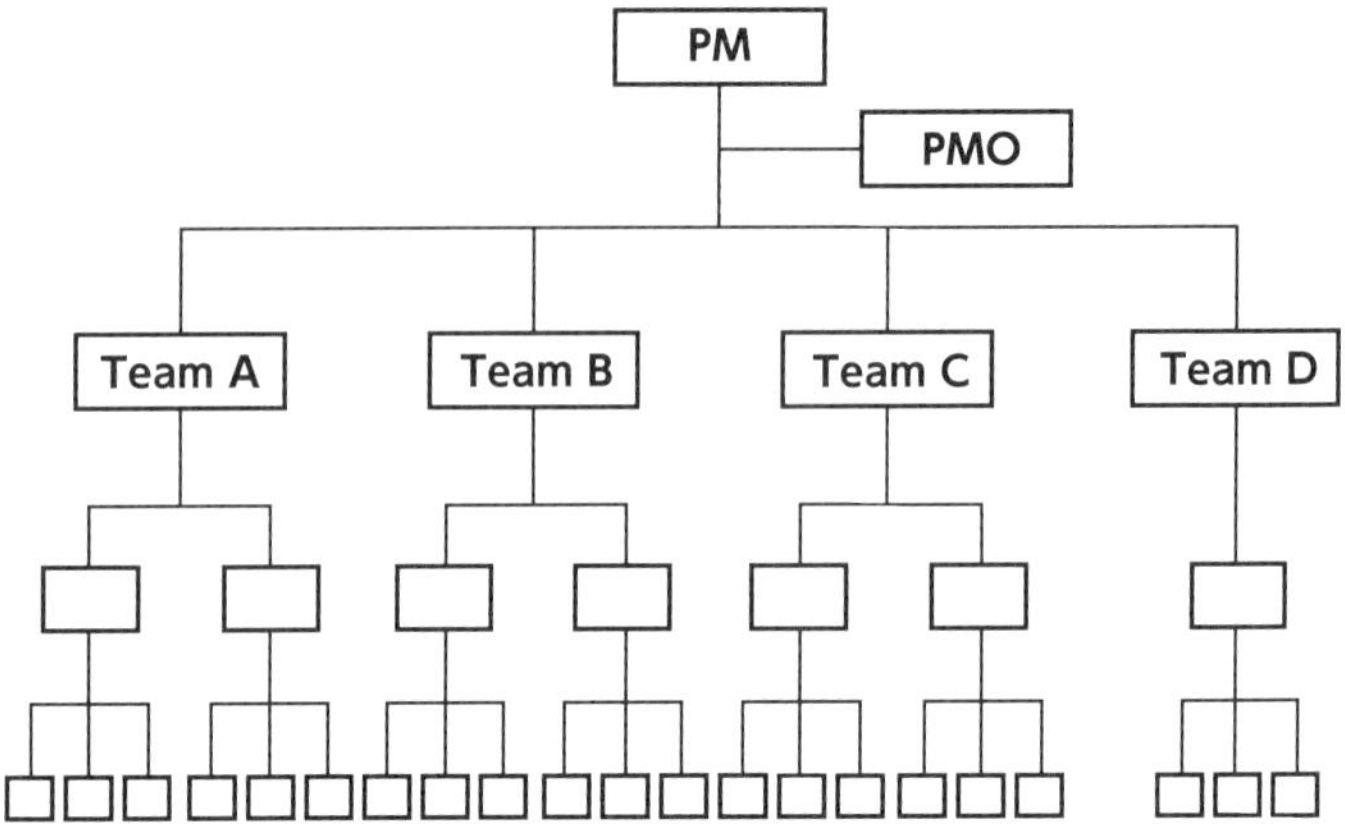

図表35　プロジェクト体制図イメージ　筆者作成

こうした体制図は上位層からの情報伝達や、現場レベルで何か想定外の事象が発生した際に対処する仕組みであり、通常時にはタテとヨコ縦横無尽にコミュニケーションを行うものである。プロジェクトの活動は上位者であるリーダーと下位者のフォロワーとの間だけで成り立っているのではなく、プロジェクトメンバー同士がお互いに連携しあい、お互いのアウトプットをインプットしながら活動していくことが必要とされる。それゆえ、あるべきは階層型というよりもフラットな組織であると考えている。

こうしたメンバー同士が連携するケースでも、「組織の使命を考え抜き、それを目にみえる形で明確に確立すること」を目指すリーダーシップは要求されると考えられる。

プロジェクト全体におけるリーダーシップは、プロジェクトマネジャーやプロジェクトリーダーといった、体制図上の上位者が発揮するべきものであろう。ただ、ビジネス側のメンバーとシステム側のメンバー間での議論において、協働で対処する必要がある課題があれば、双方がリーダーシップを発揮し、プロジェクトの目的を考え抜き、その局面においてそれを具体化することで課題の解決を図ることが求められる。遠藤功も著書『現場力を鍛える』において、強い現場力を持った組織は、自主性に優れ、常によりよい仕事のやり方を追求する、問題点を見つけ、解決しようとする〝自律神経が張り巡らされている〟と書いている。

環境変化が激しい時代にあって、なおかつグローバルプロジェクトともなると、変化を察知するためには組織内に張り巡らされた自律神経が機能し、変化へ適応し、課題解決が行えるような機動性が組織に求められる。それはトップダウンではなく、個々のメンバーによって、それぞれのポジションにおけるリーダーシップが必須条件であると言ってよいだろう。

7.5 リーダーシップの開発

リーダーシップがどのようにつちかわれるのかという点についても触れておきたい。

人によっては、リーダーシップというものが性格に起因した能力であるため、育成できないととらえることがあるかもしれない。だが、個人により得意・不得意はあることは当然としても、リーダーシップは目的達成を目指して人々を率いるための、後天的に開発可能な能力である。

読者の中には、リーダーシップ研修といった類のものに参加されたことがある方も多いと想像するが、人材育成は人事部の

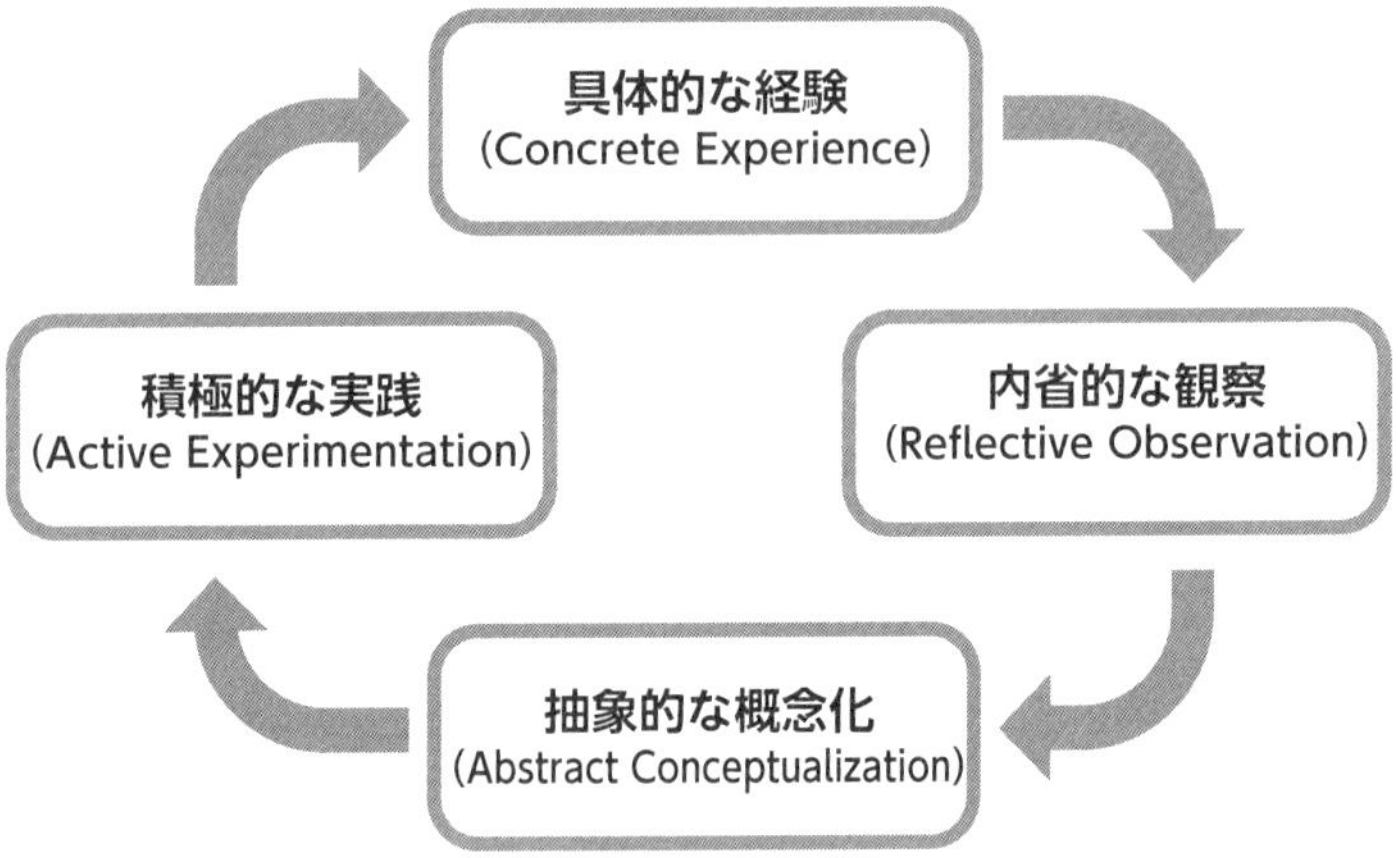

図表36　経験学習モデル（Experiential Learning Model）
David A. Kolb『Experiential learning: Experience as the Source of learning and Development』より筆者作成

役割であるとしても、人事部主導で行われる研修だけでは決してリーダーシップが養われないことは言うまでもないだろう。

もちろん研修も体系的な知識の整理や、普段の業務から離れた中での新しい視点や気づきを与えることができるので、それ自体が悪いというわけではない。研修といったＯｆｆ－ＪＴも必要であるが、それだけでは不十分であるということだ。やはり、経験学習を通して、自身の経験を内省することでリーダーシップの能力をつちかう必要があるだろう。経験学習に関しては、デイビット・アレン・コルブの「経験学習モデル（Experiential Learning Model）（図表36）」がとてもイメージしやすいだろう[*36]。

具体的な経験を積み、その経験を振り返り、その中から今後のために教訓を得て、実践していくというサイクルである。自身が過去に何かを習得した経験を振り返ると、おそらくこの経験学習モデルのサイクルを踏襲しているのではないだろうか。

だが、研修で身につくのは、自身の経験に即したものではなく、リーダーシップとはどうあるべきかという一般的な概念に対する理解である。具体的なエクササイズが盛り込まれた研修であれば、自身の経験を内省することも可能であろうが、このサイクルを回すためには実際の経験が必要であり、また自身だけで内省を行わなければならない点に制約がある。やはり、実際にプロジェクト・業務においてリーダーシップを発揮する実体験と、

*36 David A. Kolb『Experiential learning: Experience as the Source of learning and Development』Prentice-Hall（1984年）

コーチングにより内省を促してくれる第三者の存在が必要であろう。

したがって、こうしたサイクルによりリーダーを育成するには、リーダーシップ開発を人事部だけの仕事とみなさず、お互いの内省を促進するためにも、関係するすべてのメンバーが相手の内省を促す役割を担い、組織全体の活動としてとらえるべきであろう。

第8章

Management for Global Competitiveness

日本企業で輝くグローバル人材について

8.1 グローバル人材の要件

グローバル人材の育成については、どの企業も頭を抱えていることは言うまでもない。2017年の総務省のグローバル人材育成の推進に関する政策評価で調査対象となった企業のうち、7割の企業で人材が不足していると回答しており[*37]、グローバル人材の育成または採用が日本企業の重要課題となっている。これまで書いたように、マネジメントを強化し、マネジメントを機能させにくい日本人の傾向に対処するためのルールやプロセスを構築したとしても、実際にプロジェクトを推進する人材がいなければプロジェクトは進まない。プロジェクトが推進できなければ競争力を生み出すはずの成果が生まれないのである。

こうした課題を考える前に、そもそもグローバル人材とはどのような人材要件であるのかを確認したい。

プロジェクトにはさまざまな領域の専門家が集まり、新しいことに挑戦するため、こうしたプロジェクトを進めていくためのプロジェクトマネジメントに関するスキルがまず必

*37 総務省『グローバル人材育成の推進に関する政策評価書』(2017年)

要であろう。そして先に触れた多様性をマネジメントするスキルや、変革を推進するためのスキルも求められるうえ、多様な人材を導くサーバントリーダーシップのスキルも必要になるであろう。

グローバルでプロジェクトを行う意義の一つに、多様性の中から最善の解決策を選択できるという点があると思われるが、こうした状況に対応するためにも、マネジメントに関するスキルに加え、専門性も備えている必要性があるだろう。それは特定の分野にのみ専門性を持つI型人材ではなく、専門分野を持ちつつもそれ以外にも幅広い分野への知見を持ったT型人材である。産学連携によるグローバル人材育成推進会議がまとめた『産学官によるグローバル人材の育成のための戦略』では、左記のようにグローバル人材を説明している[*38]。

「世界的な競争と共生が進む現代社会において、日本人としてのアイデンティティを持ちながら、広い視野に立って培われる教養と専門性、異なる言語、文化、価値を乗り越えて関係を構築するためのコミュニケーション能力と協調性、新しい価値を創造する能力、次世代までも視野に入れた社会貢献の意識などを持った人間」

ここで「日本人としてのアイデンティティを持ちながら」とあるように、「グローバル」を「地球的規模」という本来の意味よりも、あくまで日本と日本以外という関係からとら

*38 文部科学省『産学官によるグローバル人材の育成のための戦略』(2011年)

えているが、多様性を受け入れ、高いコミュニケーション能力を持つ点や、「新しい価値を創造する能力」は、本書でマネジメントとして説明している点に類似していると言えるだろう。

このように、プロジェクトマネジメントと日本人の傾向に対する理解があることを前提として、グローバルプロジェクトを推進するために、相手を気づかい、そして違いを受け止めるという基本スタンスを備えておく必要がある。また、必要条件である英語でコミュニケーションをとることができ、どんな国の方々の文化でも許容でき、作業の進め方、そしてプロジェクトを導くうえでの目的を明確にし、変革を推進するため人のマインド部分にも気を付けながら、サーバント型のリーダーシップを発揮できるということが人材要件と考えて良いだろう。

8.2 グローバル人材の育成について

こうした人材を育成するのはなかなか難しいということは言うまでもない。社会人類学者の中根千枝は著書『適応の条件』において、全教育課程を日本で済ますと日本的思考パターンが強くなるため、異文化の出合いにおいて弾力性に欠け、対応が難しくなると説明している。なるべく早い段階で異文化を経験することが重要であることは間違いないだろう。もともと海外などで暮らしていた経験があり、異文化に触れる機会が多ければ良いのだが、そうでなければ異文化に触れる経験を作りだす必要がある。そういった中、まずネックになるのは言語であろう。必要条件である言語については習得にかなりの時間がかかることは言うまでもない。ほかの要素についても当然ながら、体系的な知識を研修などで学ぶことに加え、それを実際に経験しないことには身につけることは難しいだろう。自転車に初めて乗るときと同じで、ハンドルを握ることが理解できても、どれくらいの力の入れ方で握るのか、自転車の漕ぎ出しの際やスピードに乗って安定した際、ブレーキをかける際など、それぞれについて実際に経験してみないと体得できないのと同じである。座学は体系的な知識の理解という意味ではとても役に立つが、それだけでは不十分であり、やはり経験を通して学ぶ必要がある。したがって、体系的な知識を学ぶOｆｆ－JTと、経験学習を行うOJTを組み合わせた育成のスキームが必要となる。

韓国のサムスンでは、毎年1000億円以上を人材育成に費やしているという。新卒採用後はまず海外に派遣し、ゆくゆくはその国のリーダーになるべく現地のあらゆることを経験から学ばせるという育成方法が有名である。中根千枝の前掲書では、日本人が海外の駐在員として現地でスムーズに仕事ができるようになるには5年はかかると述べているが、海外へこれだけ長期での派遣ともなれば、相当の投資となる。したがって、日本企業としてグローバル人材の育成をとらえる際にまず考えなくてはいけないのは、グローバル人材を一様に考えるのではなく、どの水準のグローバル人材が必要かという点である。海外拠点をベースに現地の商慣習を理解し、現地メンバーをマネジメントするような場合もあれば、国内において海外メンバーと協業を行うようなケースもある。当然ながら前者に求められるスキルレベルの方が高く、育成に相当の年月がかかることを考えれば、その種の専門的人材としてとらえ、長期的な観点で戦略性をもって計画的に育成する必要があるだろう。一方、日本国内がベースで海外メンバーと協業を行うような場合には、人にもよると思うが前者ほどの年月は必要ないとも考えられる。

しかし、程度の差こそあれ、いずれの場合にも、体系的な知識を学ぶ機会に加え、先のリーダーシップ開発でも触れた経験学習モデルを通して、具体的な経験を積み、そしてその経験を振り返る中から、今後のための教訓を導き、それを実践していくというサイクルが必要であり、さらに内省を効果的に促すためのコーチングスキルをもった第三者の存在が重要であろう。

8.3 グローバル人材の真の問題

グローバル人材の育成を考えた際に、人材そのものの問題よりも組織の問題も多分にあると思われる。近年、日本企業でも、新卒社員を海外へ派遣するという動きが増えていると聞く。とある日本企業の方から話を聞いた。その会社は80年代の強い日本経済を象徴するような企業で、当時は日本から海外へフロンティア精神あふれる人材をどんどん送り込み、海外拠点を広げていた。しかし、90年代以降にその成長スピードは緩み、当時の人材の多くは第一線を退いて海外現地法人側でも現地採用のマネジャーが増えた結果、日本の本社側にグローバルのプロジェクトに対応できる人材が限られてしまったのだという。そのため、その企業では新卒で採用した学生を、一定期間海外に赴任させ経験学習によりグローバル人材の育成を図ったそうだ。

先のサムスンにおける人材育成と同じ方針である。だが、海外で何年か過ごしグローバル人材としての素養を身につけた人材は、日本に帰任するなり離職してしまうケースがかなり多いというのだ。なんとも残念な話である。その方は、「若い奴は、海外に行くと自分はすごいやつだと勘違いしてしまう」と嘆いていた。この話を聞くと、その〝若い奴〟が問題であるかのような印象を受けるのだが、本当にそうであろうか。

転職の事情は人によりさまざまであると思うが、海外拠点とは違い、日本の本社は当然ながら日本的な企業文化であり、海外現地法人のカルチャーとのギャップに悩み、外資系企業に環境を求めるということも理由の1つとして想定できるだろう。または、海外現地法人では権限が委譲されており、自分の裁量が多かったが、日本に戻ると非常に限定的な作業となりモチベーションを落としてしまうことも考えられそうだ。こうしたことは、新卒採用後、すぐの海外研修だけの話ではない。ある程度国内で経験を積んだ後、海外でグローバル人材としての経験を積み重ねた場合でも、日本に戻ってからの居場所がなく、仮にあったとしても海外赴任前と変わらない仕事であり、結局、自身の活躍の場を求めて別の会社に転職するケースが少なくないと聞く。

戦略的に人材を育成するのであれば、その人材の価値観にも寄り添う必要があるだろう。〝去る者は追わず〟という考え方もあるが、日本以外の国のメンバーとの就業経験は日本では経験できないような困難もあったであろう。そういった困難を乗り越えた経験を積んだ人材の流出は、組織にとってコスト以上の大きな損失である。こうしたことは人材育成とは別の、リテンションに関する問題であるが、グローバル人材に関しては、実は育成そのものよりも、そういった人材を受け入れ、活かせない組織にも問題があると感じざるを得ない。第1章で「Global Talent Competitiveness Index（GTCI）」という人材の競争力について触れたが、その指標の中の人材に対する魅力度（Attract）という、国外からの人材の参入のしやすさに関する指標は世界の中で45位であった点は、こうした日本企業の状況を物語っているのではないか。

組織の問題としてとらえた際に、まず人材育成の責任について考えてみたい。人材育成は、多くの組織で人事部の役割として認識されているかもしれない。ただ、先にも触れたが人材育成を人事部だけに任せるのではなく、経験学習を促進することができる、育成の対象となっている上長の責任として定義すべきではないだろうか。人が育たなければ組織は立ち行かなくなる。そうであればこの点の役割をしっかりと明確にする必要があるだろう。そして、経営陣の号令のもとその役割を機能させるために必要な仕組みを考えるのである。今、やっていることに加え、上司の時間を部下の育成に新たに使うことになれば、当然その上司が疲弊するリスクがあるからだ。人材育成を企業の重要課題としてとらえるのであれば、まず経営陣が中心となって取り組むべきであろう。

さらに、上司と部下という関係性だけでなく、関係する人すべてがお互いに学び合うということを共通の価値観として組織の文化まで昇華させる必要があると考える。

リクルートキャリアは、新卒の学生を対象に「就職先を確定する際に決め手となった項目」という調査を行い、「自らの成長の機会が期待できる」がトップであったと報告している[*39]。近年のこうした志向を受け日本企業として取り組むべきは、グローバル人材育成のため、経験学習を行うための機会を提供することに加え、人材育成という文化を企業内に醸成し、人材をひきつけるための、成長できる魅力ある組織を整備することであろう。

近年は社内公用語を英語にして海外の優秀な人材の採用を活発に行っている企業もある。日本国内だけでは優秀な人材が確保できないため、海外からすぐれた人材を獲得するという点で素晴らしい試みだと考える。ただ、まだまだ日本側の受け入れに課題が多いようで、公用語は英語ではあるものの、海外から来た人材が仕事の優先度のとらえ方、仕事の進め方、物事の意思決定などにおいて、日本的なカルチャーに馴染めず、日本人マネジャーとの関係構築で悩んでしまうこともあるようだ。また、日本人マネジャー側もそういった人材の対応に疲れ、自分でやってしまったほうが早いと、結局は1人で多くの仕事を巻き取ることになってしまう。結局、海外からの人材からしてみると、閉鎖的な企業に映り、活躍の場が限定されるという不平が出るようだ。

単に人手不足による人材確保であれば、日本人マネジャーに従順な、日本流を受け入れる人材を海外から求めればよいという発想もあるかもしれないが、海外の優秀な人材の多

*39 株式会社リクルートキャリア　プレスリリース記事 https://www.recruitcareer.co.jp/news/pressrelease/2019/190131-01/

様な価値観を受け入れ、よりよい解決策を見出していくためには、日本的なカルチャーを押しつけず、そして多様な価値観から学び、それによって組織をどう変えていくかを考えなければならないだろう。

まだまだ課題は多いが、こうしたこともグローバル人材そのものの問題というよりは、その人材を活かす組織の問題であろう。

人を重視した経営を行っていることで知られるGEは、経営幹部の執務時間の3分の1を人材育成にあてており、クロトンビルという名で知られる企業内ビジネススクールもあり、毎年10億ドルを人材育成に投資しているという。日本企業でここまで人材育成に投資している企業はあるだろうか。もともと、日本企業における育成は現場において先輩社員から後輩社員への指導という形で行われ、後輩社員は上司、先輩の背中を追って経験を積む中で成長してきたように思う。ただ、現在では外部環境の変化によりこれまでに経験がない状況に対処する必要性が増え、プロジェクトの複雑度も一段と増し、忙しさで周囲を気にする余裕がなくなることでフォーマル・インフォーマルなコミュニケーションがともに減るなど、さまざまな要因により、従来のスキームが機能しづらくなっていると想像する。

まずはこうした状況を組織の課題としてとらえ、人材育成に対する強い意思を経営陣が持つ必要があるだろう。そして、グローバル人材を活かすには、企業自体、その組織を構成している社員、自分はグローバル人材ではないと思っている方々も含め、全員が多様な価値観を受け入れ、お互いに成長し合うという高い意識を持ち、企業文化として昇華させることが必要だと考える。

おわりに

「当たり前のことを当たり前のように実施することが肝要」と、大手電機メーカーの元CIOが仰っておられた。

遠藤功も著書『現場力を鍛える』において、「『当たり前のことを当たり前のようにやっている』企業では、100%結果が出ている」と書いている。一見複雑そうな事象でも、その事象を構造化し、それぞれの要素について考えた場合、その打ち手となるものが至極当たり前のことであったという経験はないだろうか。

本書では、現在の日本の国際競争力の現状を整理し、国際競争力の向上といっても、一つひとつのプロジェクトと呼ばれる試みから着実に価値を創出することで積み上げていくしかないという点に触れた。組織のミッション／ビジョンを明確化し、ビジョンを達成するための戦略とそれにもとづく計画、そして計画の着実な実行と、状況に応じて計画を見直すこと――。書いてみると至って当たり前のようなことであるが、多くの日本企業では状況によって当たり前のことに気づくことができず、気づいていてもそれに対処できないことがあるという事実をわれわれは認識する必要がある。

そして、その解決方法として個人レベルの主体的な心がけや勇気ある行動に頼るのではなく、組織として個人レベルのマインドセットの変更を促しつつも、しっかりとプロセスによってカバーできる仕組みづくりが必要なのである。

プロジェクトマネジメントのとても重要な要素の1つに〝振り返り〟がある。プロジェクト終了後に何がよかったのか、何が悪かったのか、そして次回はどのように対処すべきか、メンバーで振り返り、それをノウハウとして次のプロジェクトに活かすのである。

2010年に7年の歳月を経て地球に帰還した小惑星探査機「はやぶさ」は、小惑星からのサンプルリターンに世界で初めて成功した、日本が誇るべきプロジェクトであるが、プロジェクトマネジャーの川口淳一郎は著書『「はやぶさ」式思考法』において、多くの困難が発生した中でも、そういった困難を乗り越えて地球に帰還できたのは、それ以前の火星探査機「のぞみ」の教訓を徹底的にフィードバックしたからである[*40]と記している。

われわれは一度立ち止まり、失敗に学ぶとともに、〝目的を達成するためには〟というマネジメント的な思考で物事をとらえる必要があるのではないか。

ドラッカーは著書『経営者に贈る5つの質問』[*41]の中でこう投げかけている。

① われわれのミッションは何か？

*40 川口淳一郎『「はやぶさ」式思考法』飛鳥新社(2011年)
*41 P.F.ドラッカー『経営者に贈る5つの質問』ダイヤモンド社(2009年)

② われわれの顧客は誰か?
③ 顧客にとっての価値は何か?
④ われわれにとっての成果は何か?
⑤ われわれの計画は何か?

とてもシンプルな5つの質問だが、この流れでプロジェクトを明確に語れるだろうか。ぜひプロジェクトメンバーを含めて理解をすり合わせていただきたい。

そしてまたドラッカーは「未来に何かを起こすには勇気を必要とする。努力を必要とする。信念を必要とする。その場しのぎの仕事に身をまかせていたのでは未来はつくれない」[*42]とも言っている。

この一文を見て、皆さんは何を感じるだろうか。「そうか、やはり勇気と努力と信念は大事だよな」と多くの方が感じるのではないだろうか。

ここを取り違えないようにする必要があるが、その場をしのぐためでも、世間体を気にしてでもない、「未来に何かを起こすため」の勇気と努力と信念を持つべきであり、「何のためか?」という目的を起点にしたマネジメント的思考でとらえる必要があるということである。

*42 P.F.ドラッカー『創造する経営者』ダイヤモンド社(2007年)

先の川口淳一郎は、はやぶさの帰還後に成功の秘訣についてのコメントを求められ、「技術よりも根性」と述べた。根性論のようにも聞こえるが、技術あっての根性であり、この根性は、意地（意気込み）と忍耐（あきらめない心）を指すという。

世界初の小惑星からのサンプルリターンという明確な目的を掲げ、プロジェクトチーム全体でその目的を成功させるという強い思いと、幾多の困難にもあきらめない心を持ち、どうすればできるかという解決志向によってメンバーの力を結集したことの重要性を説いている。

さかのぼれば、高い理想を掲げ、共通の目的の下で心を1つにしたとき、日本にはどんな困難にも負けずにそれを乗り越えてきた世界に誇れる素晴らしいプロジェクトが多く存在する。小惑星探査機「はやぶさ」のプロジェクトをはじめ、24年の歳月をかけて1987年に完成した当時世界最長の青函トンネル、「夢の超特急」プロジェクトと呼ばれ1964年に開通した東海道新幹線、作業員延べ人数1000万人、171名の殉職者を出し7年をかけて1963年に完成した、「世紀の大工事」と称えられる黒部ダム建設プロジェクトなどはその代表例である。理想を描き、熱い情熱を抱き、使命感に燃え、幾多の困難を乗り越えてきた日本人の努力の結晶と呼んでいいだろう。

日本人としての強みである、〝困難に耐え続けることができる力〟、〝献身性〟を使うべきは、正しい方向、つまり価値を創出し、よりよい未来を作るためである。決して解くべき問題を違えて、その問題を解き続けることのないようにしなくてはいけない。そういったマネジメント的な視点に立つことこそ、これからのわれわれに必要なのではないだろうか。

第1章で、日本人の幸福度が相対的に徐々に低下しているという点に触れた。何を幸せと感じるかは、もちろん人それぞれであるが、少なくとも仕事においては、マネジメントがうまく機能していないことで発生する長時間労働、モチベーションの低下、無用な人間関係の対立などによる不幸せは軽減できるのではないだろうか。そうしたことで生まれた時間や気持ちの余裕を、家族・友人との時間、自己研鑽、趣味、ボランティアなど、自身の幸せと感じられることに振り向けることができれば、人はより幸せになるのではないか。そうした一人ひとりの幸せの総和が、社会全体の幸せだと考えている。

これまで、プロジェクトや組織全体の成功を、マネジメントの力で解決できないだろうかと考え、マネジメントというものに向き合ってきた。本書に記載したことは、どれも当たり前のことであったと思うが、その当たり前のことを、当たり前に行うことが、時としてとても難しい。

陽明学に「知行合一」という命題がある。「そもそも知っているという以上、それは必ず行いにあらわれるものだ。知っていながら行わないというのは、要するに知らないということだ」[*43]という意味である。当たり前のことを、当たり前にやるために、マネジメントの実践において、本書が何かしらのお役に立つことができたならば本望である。

最後に、これまでプロジェクトでご一緒させていただいた方々からは多くのことを学ばせていただき、今日の私があるのも、これまでご一緒させていただいた皆様のおかげだと思っております。心から感謝を申し上げます。

また、これまでマネジメントという観点でご指導を頂いた高橋信也さん、峯本展夫さん、執筆に関する多くの助言をくださった木南浩司さん、そして瀧下雅弘さん、吉村康さん、高田藍さんをはじめ、さまざまなご協力をいただいた皆様に、この場を借りて御礼申し上げます。

内山鉄朗

2019年9月

*43 王陽明『伝習録』中央公論新社（2005年）

【著者紹介】

内山鉄朗（うちやま　てつろう）

東京都町田市出身。英国バーミンガム大学経営学修士課程修了。

大手システムインテグレータにて様々なシステム開発プロジェクトを経験後、2009年にマネジメントソリューションズ参画。流通・製造・金融・自動車など様々な業界の変革プロジェクトをPMOとして支援。特に、海外のステークホルダーを含めたグローバルプロジェクトを中心に杓子定規な方法論の提供ではなく、成果を生み出すためのマネジメントを実践。

㈱マネジメントソリューションズ ディレクター。

PMI（Project Management Institute）会員、PMI認定PMP®、Certified ScrumMaster®、ITIL® Foundation

MI：マネジメントインプリメンテーションの略。MSOL（株式会社マネジメントソリューションズ）はビジネスにおける様々なテーマを取り上げて革新を目指す企業にシリーズとしてマネジメントのあり方を示していく。

国際競争を勝ち抜くマネジメント

2019年11月21日発行

著　者――内山鉄朗
発行者――駒橋憲一
発行所――東洋経済新報社
〒103-8345　東京都中央区日本橋本石町1-2-1
電話＝東洋経済コールセンター　03(5605)7021
https://toyokeizai.net/

装　丁…………………中村勝紀
本文デザイン・DTP…渡辺ひろし
印刷・製本……………藤原印刷
　Printed in Japan　ISBN 978-4-492-96170-4